U0739754

家有熊孩子，妈妈这样办

文静 著

用熊孩子的
奇怪逻辑，
化解他们的
莫名情绪。

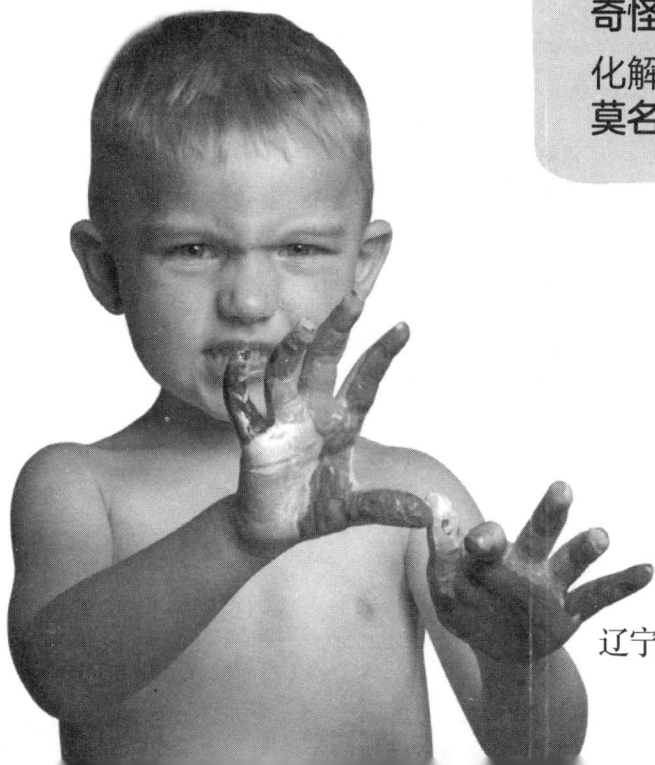

辽宁大学出版社

图书在版编目（CIP）数据

家有熊孩子，妈妈这样办 / 文静著. —沈阳：辽宁大学出版社，2022.1

ISBN 978-7-5698-0672-4

Ⅰ.①家⋯ Ⅱ.①文⋯ Ⅲ.①儿童教育—家庭教育 Ⅳ.①G781

中国版本图书馆CIP数据核字（2021）第272100号

家有熊孩子，妈妈这样办
JIA YOU XIONG HAIZI，MAMA ZHEYANG BAN

出 版 者：辽宁大学出版社有限责任公司
　　　　　（地址：沈阳市皇姑区崇山中路66号　邮政编码：110036）
印 刷 者：北京溢漾印刷有限公司
发 行 者：辽宁大学出版社有限责任公司
幅面尺寸：145mm×210mm
印　张：8.5
字　数：191千字
出版时间：2022年1月第1版
印刷时间：2022年1月第1次印刷
责任编辑：范　微
封面设计：韩　实
责任校对：郝雪娇

书　号：ISBN 978-7-5698-0672-4
定　价：42.80元

联系电话：024-86864613
邮购热线：024-86830665
网　址：http://press.lnu.edu.cn
电子邮件：lnupress@vip.163.com

每个妈妈心里都有一个熊孩子。

一千个熊孩子可能会有数以万计的"熊烈事迹":乖张顽皮、偏激叛逆、任性娇气、脾气暴戾、行为怪异、疯狂心理……

其实,任何一个人做任何一个行为,在他自己看来都有绝对的理由。

熊孩子的行为在他们自己看来,总有他们自己的理由,只不过在我们看来是不对的,或者说是不成立的。

一旦我们认为"不对",我们习惯用自己的方式去强力压制,以为说一不二地制止,给熊孩子施压,他们就会印象深刻,就会知错改错。事实上,不是这样的。

如果孩子觉得有理由这样做,却被凶悍指责,委屈的情绪上来了,全盘不接受也是可能的。

如果你不倾听熊孩子的心声,就无法搞清他们行为的原因。如果你搞不清楚他们的理由是什么,想纠正他们的缺点就是不可能的。

人之初，性本善，熊孩子的行为习惯与社会标准不符，本是成长中的必然现象。但是，很多妈妈没有这个认知，只要孩子的表现不符合自己的期望，这个行为就被认定是"错误"的，这个时候，很多妈妈的做法是——指责孩子、教训孩子。不管孩子能不能听得懂，连珠炮似的说一堆大道理，甚至恶语相加，然后希望孩子知错就改，还要态度真诚。

实际上，这就是通过简单粗暴的高压方式强迫控制他人行为，以此来满足自己的心理。在同事或朋友与我们意见相悖时，我们大多能注意"委婉温和提出意见，避免伤害对方情感和自尊"，知道应该就事论事，不带着情绪展开人身攻击。因为我们知道，劈头盖脸的指责，只会令人怒目相向，更别说去接受自己的意见。但面对自己孩子时，却往往因为他们做错一件事、说错一句话而大动肝火。

妈妈因为生气而扭曲的面孔，会令孩子感到深深的恐惧和委屈，增加孩子认知错误和改正错误的难度。更何况，我们理直气壮地指责孩子做错的事情，有时候并不一定经得起推敲。

正确的做法是什么？

让熊孩子明是非，知对错，绝不是"我怎么说，你就怎么做"。总的原则是"温和对人，坚定对事"。

也就是说，妈妈既要懂得坚决制止熊孩子的不良行为与习惯，在熊孩子犯错或即将犯错时，及时对他说"不可以"，甚至对孩子进行必要的处罚，但更要知道犯了错的熊孩子尤其需要爱。特别是在熊孩子闯了祸、不知所措时，更应该把他抱在怀里，轻轻地告诉他："妈妈爱你。"轻声细语地给他讲，为什么"不可以"，相信此时的孩子，更能明白妈妈的一番苦心，更愿意接受妈妈的教导。

《家有熊孩子，妈妈这样办》是作者根据自己多年从业及教育经验，针对令人抓狂的"问题儿童"，精心撰写的一本专业家庭教育指南。

本书从不同角度，对熊孩子的"恶劣"案例追根溯源，对他们的"恶劣"行为进行深入分析，帮助家长从行为习惯、性格情绪、思维逻辑、怪异心理等各个方面寻找熊孩子犯"熊"的症结所在，让父母认知孩子的"熊"，理解孩子的"熊"，通过简单而有效的方法纠正孩子的"熊"，不吼不叫，用正确的教养方式陪伴孩子健康、快乐成长。

目 录
Contents

Chapter 1

妈妈磨出好脾气，熊孩子才有好教育

许多妈妈都觉得：我是妈妈我最大，孩子必须听我的；家长要有权威性，孩子必须服从命令；孩子爱耍熊，就是揍得轻……

生活中，我们人人都反对霸权主义，可教育孩子时，我们又喜欢做霸主，大概是因为这种感觉很飒、很爽吧！但事实上，如果你不尊重孩子，孩子就不会尊重你，如果你的脾气大，孩子脾气会更大。你根本管不了他。

很多好孩子，生生被逼成了熊孩子 / 002

妈妈情绪稳定，孩子才不会失控 / 006

一定要孩子听话，那岂不是害了他 / 009

比来比去，孩子的优点都给比没了 / 014

偏见是把无影刀，刀刀毁娃于无形 / 017

也许你很爱他，但你却在虐他 / 022

Chapter 2

唤醒孩子的自律，让熊孩子学会自己管自己

人之所以成为人，是因为有思想，能自控，不让自己的情绪和欲望开闸泄洪。

熊孩子之所以"熊"，本质上是缺乏基本的自控力。因此，妈妈们早期教育的主体，就是培养孩子自律和自控的能力，使他们能够控制自身行为符合主流价值观、标准和规则。因为如果你不教会孩子树立正确的自我认知，如果你不教会孩子良好控制自己的情绪，如果你不教会孩子自己规范自己的行为，那么即使他再聪明，将来也不可能走得很远。

你管得再严厉，都不如教给他自控力 / 028

你认为不对的，未必就是不对的 / 033

熊孩子不认错，其实都是有原因的 / 038

内建自省体系，孩子自会追悔莫及 / 042

错不能白错，学到东西才是好样的 / 046

杜绝被宠坏的童年，从小赋予孩子责任感 / 049

让孩子感到愧疚，而不是满心羞耻 / 052

• *Chapter 3* •

换一种友爱的语气，解决与熊孩子沟通的障碍问题

也许有一天，你会无奈地发现，自己在孩子面前的权威性下降了。孩子"人不大，心不小"，样子挺张狂，还不爱理娘。你心里哀叹：为娘太难了！

好吧，那一定是你没有找到与熊孩子沟通的法门。一个睿智的妈妈，应当是善于与孩子沟通的，即善于发现孩子在想什么、在干什么。当孩子做出一些离谱行为时，妈妈不是当场质问或训斥，而是冷静思考：他为什么这样做？他心里到底在想什么？经过这样的思考，妈妈更容易理解孩子，而理解孩子恰恰是成功教育的前提。

熊孩子的敌意，来自妈妈的霸气 / 058

你不准孩子有意见，索性他就没主见 / 065

不被信任的孩子，不会信任父母 / 069

总对孩子食言，孩子满嘴谎言 / 074

你批评时的样子，决定孩子的回应方式 / 079

温和一点，孩子反而并不难管 / 083

被熊孩子排斥了，试试非语言沟通 / 086

问不出孩子心里话，只能怪你没本事 / 093

Chapter 4

用熊孩子的奇怪逻辑，化解熊孩子的莫名情绪

任何一个人做任何一个行为，在他自己看来都有绝对的理由。

熊孩子的行为在他自己看来，总有他自己的理由，只不过在我们看来是不对的，或者说是不成立的。一旦我们认为"不对"，我们习惯用自己的方式去强力压制，以为说一不二地制止，给孩子施压，他们就会印象深刻，就会知错改错。事实上，不是这样的。

如果孩子觉得有理由这样做，却被凶悍指责，委屈的情绪上来了，全盘不接受也是可能的。

孩子的怪异行为，藏着不为人知的深意 / 100

孩子无理取闹，说明他有情绪要宣泄 / 105

故意对抗，他的不满正在心中酝酿 / 108

拒绝说话，孩子这是和你较上劲了 / 112

熊孩子的拧脾气，其实非常好治愈 / 116

熊孩子闹脾气，找找原因在哪里 / 121

解除习惯性防卫，孩子不再固执到底 / 125

Chapter 5
建立顽童内驱体系，让熊孩子自己爱上学习

孩子为什么厌学？因为如果人生没有追寻理想的目标，没有人天生就喜欢学习。

学习兴趣不是天生的，也不是别人逼出来的，而是被某种因素激发、引导的。事实上，几乎每个孩子都有厌学心理，所以你家熊孩子厌学，妈妈不必过于惊慌。你只要保持一颗平常心，以友爱、关切的方式与孩子沟通，了解孩子厌学的理由和动机，终会将孩子的厌学心理治愈，最终帮助他实现学有所成的目的。

孩子学习不积极，往往家长有问题 / 130

妈妈越"鸡血"，孩子越厌学 / 133

孩子成绩差，还不是被你骂出来的吗 / 136

改变厌学心理，妈妈三心不可少其一 / 141

妈妈会刺激，学习也能变兴趣 / 146

多给一点欣赏，孩子自发上扬 / 151

利用逆反心理，刺激学习动力 / 155

妙用配套心理，让心虚使娃进步 / 159

为孩子创造自信，陪孩子拼搏上进 / 162

Chapter 6

调整你的清规戒律，不强制，熊孩子才能不叛逆

用简单粗暴的方式去解决教育问题，最后往往演变成亲子争高低的僵局，成事不足，败事有余。

不要让自己和孩子陷入这种僵局，因为最后无论谁举起白旗，本质上都是伤人伤己——在亲子关系中，不能双赢，就是双输之局。因此，一旦发觉自己想和孩子争个高低，发现自己想强制孩子遵守你定下的所谓规矩，请马上做个深呼吸，告诉自己：这样不可以。

为啥你给孩子定规矩，孩子嗤之以鼻 / 168

如果你都做不到，孩子怎能不动摇 / 170

孩子一错再错，给予必要惩戒 / 173

奖励结合惩罚，让孩子遵守契约 / 178

不服管，闹脾气，试试临时隔离 / 183

允许孩子做自己的"辩护律师" / 186

从小教育孩子，勿以恶小而为之 / 189

Chapter 7

马虎好动还磨叽，几招让熊孩子学习做事有效率

很多妈妈都在抱怨自己的孩子令人抓狂，上蹿下跳、丢东落西、磨磨蹭蹭、磨磨叽叽。于是乎，直接给娃贴上"熊孩子"标签，表示孺子根本不可教，可妈妈咋不检讨检讨自己呢？

教孩子就像解数学题，用一种方法不行，为什么就不能试着换一种方法呢？别在孩子身上找责任了，拓展一下自己的育儿策略，才是你的当务之急。

孩子不顽皮，才是真的有问题 / 194

让孩子玩，还要教他怎么玩 / 197

找到分神儿原因，才能提升孩子专注力 / 200

粗心马虎特大意，专项训练解难题 / 204

家有"小磨叽"，妈妈千万别起急 / 208

孩子作业拖延，不能硬管，要会管 / 211

以小事为契机，引导孩子学会时间管理 / 216

把孩子的问题，交给孩子自己处理 / 221

Chapter 8

孤僻霸道暴脾气，内建情商管理，磨炼熊孩子社交力

拥有不好的性情，就会做出不好的事情，就会造成不好的影响，就会深陷失败的人生。

从这个层面上说，内建孩子的情商管理，也就搭建起了孩子的优质人生，改变孩子性情中的缺陷，也就改变了孩子糟糕的未来局面。

孩子稚气未脱，性情尚未定型，有很大的可塑性，这个时候精心培养他的良好性情，将会让孩子受益一生。

孩子天性孤僻？那是你的理解有问题 / 226

封闭教育，将孩子与社会完全隔离 / 229

心胸狭小爱计较，认知培养很重要 / 233

满嘴脏话叫喳喳，孩子跟谁学的呢 / 237

张牙舞爪特霸道，多半是妈妈不会教 / 242

性格暴躁很暴力，根源问题在哪里 / 246

小孩儿之间的矛盾，交给他们自己解决吧 / 249

孩子自私不合群，着重培养合作精神 / 253

Chapter 1

妈妈磨出好脾气，熊孩子才有好教育

许多妈妈都觉得：我是妈妈我最大，孩子必须听我的；家长要有权威性，孩子必须服从命令；孩子爱耍熊，就是揍得轻……

生活中，我们人人都反对霸权主义，可教育孩子时，我们又喜欢做霸主，大概是因为这种感觉很飒、很爽吧！但事实上，如果你不尊重孩子，孩子就不会尊重你，如果你的脾气大，孩子脾气会更大。你根本管不了他。

很多好孩子，生生被逼成了熊孩子

浙江省金华市，一名 16 岁的高中生，狠绝地挥舞起榔头，将自己的母亲砸成重伤，最终不治身亡。

至亲母子，血浓于水，是什么让这个孩子丧失理智，犯下不可饶恕的大错？

后期调查显示，这个孩子自幼性格内向，脾气比较急躁，学习成绩也差强人意。他的母亲一直信奉"棍棒底下出孝子"的传统教育信条，对他动辄打骂，而且还常用"别人家的孩子"来进行"刺激教育"，说他和别人家孩子比起来简直一无是处。

懂事后，他经常目睹母亲对父亲讲粗话，甚至对爷爷奶奶也口下无情，这使得他对母亲越来越厌恶，越来越憎恨。

经历过无数次的精神裂变，这个孩子最终走上了不归路。

教育者研究了一些伤亲的青少年，发现他们几乎都有一个共同点——他们几乎都生活在一个暴戾、专制的家庭中。在这样的家庭里，父母几乎都是"高冷范儿"，极少和孩子进行平等、亲切的互动和沟通，对于孩子的内心，他们并没有真正读懂，但他们却对孩子抱有极高的期望和要求，如果孩子没有令他们满意，他们就会大发脾气。

孩子长期在这种压抑的环境中生长，大多只有两种结果——不是在压抑中爆发，就是在压抑中毁灭。

一个小男孩，只有 10 岁，妈妈要他学画画，每天下午放学，做完功课，必须练一个小时的画。即便到了周末，他也没有一点玩耍的时间，上午在家复习功课，下午是各种各样的补习班，末了还要去美术辅导班学画画。

然而，孩子对画画并没有多大兴趣，乃至后来，他看到画纸画笔就厌恶，他几次撕掉画纸："我不学！我不画！我不喜欢画画，你们打死我，我也画不好！"但妈妈完全不理会孩子的抗议："已经学那么久，花了这么多钱，你怎么不理解大人的一片苦心呢！今后每天不画出一幅让我满意的作品，就别吃饭！"

孩子绝望了，为了断掉父母让他学画的念头，有一天在放学回家的路上，他用石头猛砸自己的右手……

孩子不喜欢做的事情，父母非要孩子做，孩子是不可能做好的，而且时间一久，孩子还会滋生反感、厌恶心理，以至于产生消极对抗。这样的事我们听过也见过很多，那就是：你一定要我画，我就乱画；父母一来检查，画的都是圆圈圈，字写的东倒西歪……这还是好的，老实的。

不老实的，故意对抗，离家出走，自残……

我们很遗憾地看到，或许是受传统文化影响，很多家长在教育子女的过程中，不知不觉就成了一个"暴君"：孩子的一切事情都由自己说了算，不允许孩子有自己的意见，不允许孩子做出自己的选择；不提供给孩子可自由支配的时间和空间；

孩子如果不听话，就会遭到严厉的训斥或惩罚。

这种专制型的做法会给孩子带来什么呢？

首先，孩子感受不到来自父母的爱。他们根本理解不了父母为何什么事都要管着自己，他们会觉得自己就像玩具一样被父母摆布着。

其次，孩子会从内心深处生出对父母权威的惧怕，进而产生恐惧心理和压抑感，久而久之，容易使孩子形成胆小、怯懦、乖僻、冷漠的性格。

另外，如果父母总是压制孩子，不许他这样，不许他那样，那么，孩子就会渐渐丧失对自我的掌控，他们会习惯被父母摆布，慢慢变成父母操线的木偶，即便将来自己足够强大，却没有了放飞自我的想法。

常听一些家长说："我家孩子一点主意也没有，别人说什么就是什么，别人让他干什么就干什么。"孩子为什么会这样呢？因为孩子从记事起就没有掌控过自己，不知道自己的生命主权是被侵犯的，他们习惯于被控制，不知道也没学会按照自己的想法做事。这样的孩子，骨子里会十分在意别人对自己的看法，会习惯性地委屈自己讨好别人，因为他们从小就形成了这样一种意识——只有顺从才会得到赞赏和夸奖，所以他们长大后很容易成为别人眼里的"绵羊"，成为别人"掠食"的对象。

再者，父母的专制主义容易使孩子产生抵触情绪，与家长形成情感对立，甚至产生逆反心理。这是很糟糕的事情，在这个过程中，孩子的乖巧行为更多是出于害怕惩罚，并不是真的"心服口服"。因此，他们无法培养起自身内在的控制力，一旦控制者转过身去，被控制的孩子就会像脱缰的野马。前面提到的那个断指孩子，很显然就是过早地产生了严重逆反心理。

最糟糕的是，以"专制"为主体的教养方式，根本就起不到教育的良好作用。

首先，它会让父母更专注于消除孩子的缺点，因而往往忽略了孩子的优点，孩子长期得不到赏识、鼓励，这对他们的自信成长是莫大的打击。

其次，由于父母注重的只是惩罚孩子，使得他们不会去学习采用其他更为适当的方法来纠正孩子的不良行为，而那些方法原本就能减少惩罚孩子的必要性。因为专制型的教育不把孩子当作个性独立的个体来对待，所以这种教养方式难以唤起父母与孩子之间的共鸣，很难形成各自内心的美好体验，即使在严厉的责罚背后有着一颗温柔的心。

而在孩子幼小的心里，这样的爸妈就像是可怕的"独裁者"，他们在严格的要求下，没有自己的时间和空间，没有为自己申辩的机会，甚至连交朋友的权利都没有。不难想象，在这种环境中成长起来的孩子，内心该是多么地无奈和沮丧，又有多少孩子因此越发叛逆，甚至堕落。

所以说，教育的根本是要给孩子营造一个民主的家庭氛围。这就要求父母们首先做出改变，要认识到自己的错误，这是家庭教育中最重要的一步，因为只有认识到自己错了，我们才能有意识地努力去消除自己给孩子带来的不良影响。

接下来就是改变，那么我们该如何改变呢？学习是必要的途径。

在教育的路上，我们要陪伴孩子一起成长，就必须持有一颗开放的、向上的、不断学习的心，不能把老一辈教育自己的套路按部就班地用到孩子身上，要通过学习不断反思自己，发现自己在教育过程中存在的错误。如此，我们才能使自己的教育更加科学，更加人性化，才能使我们的孩子拥有更加健康的人格，过上快乐、幸福的生活。

从长远时间线上看，如果你的孩子成年以后还会发自内心地尊重你，你的教育才算是真的成功了。

妈妈情绪稳定，孩子才不会失控

有一个 4 岁的小女孩，她最近干了一件"坏事"，她把一碗热乎乎的鸡汤倒进了花盆里！那是一盆名贵的兰花，是妈妈寻觅了好久才买到的！

妈妈愤怒了，这熊孩子太"坏"了，完全不知道花花草草也是要爱护的。看到妈妈到处找小皮鞭，孩子吓得哇哇大哭。这时，女孩的爸爸挺身而出，拦住了妈妈，他说："你别忘记了，咱们的使命是养孩子，不是养花！"

一句话，如醍醐灌顶，瞬间唤醒了妈妈的理智：孩子和花，到底谁的成长更重要呢？更何况，在没有弄清孩子的真实动机之前，就要抢起小皮鞭，是不是表示孩子的快乐和自尊，连一盆花的重要性都不如吗？

妈妈做了一个深呼吸，蹲下身去，擦干孩子眼角的泪迹，轻声地问："宝宝，你为什么要把鸡汤倒进花盆里啊？"

小女孩哽咽着说："奶奶……喂我喝鸡汤时说……热热的鸡汤最有营养……喝了可以长高高，我想让花长高高……"这下轮到妈妈泪目了，孩子对这世界的一颗爱心啊，差点就冤死在自己的小皮鞭之下！

数不清的妈妈都曾经历过这样的愤怒：自己刚刚买的新床单，就被孩子当成了画布；家里刚刚买的鱼缸，再次被孩子的足球踢碎；新换的一套陶瓷餐具，又被孩子摔掉一半……孩子就像"二哈"一样，把家拆得七零八散，家里的墙壁、家具、鲜花、书籍……无一幸免。

妈妈们，请息怒吧！就像那盆被热鸡汤浇灌的兰花一样，这些东西已经毁了、破了、碎了，难道我们要用小皮鞭将孩子纯真稚嫩的心灵也毁掉吗？静心想想，我们的孩子真的有错吗？如果说有，那就是他们在缺乏生活经验的同时，身上又实在澎湃着无穷的活力。可是，"生活经验"这个东西，谁不是在一次次的教训中学到的呢？

罗伯特·爱德华兹在医学领域做出的成就足以用极其巨大来形容，如果你不知道他做过什么，可以自行搜索。

在获得诺贝尔奖以后，有一次，记者问他，他这种超乎寻常的创造力，究竟是与生俱来的还是有什么妙法？他的回答很是让人意外，他说："这和我母亲在我 5 岁时做过的一件事情有关。"

微微一笑，罗伯特·爱德华兹继续说道："有一次，我嘴馋，没和妈妈打招呼，自己去冰箱里拿牛奶。结果，手一滑，牛奶瓶子落在地上了，牛奶溅得到处都是，那画面，简直不忍直视。

"我母亲闻声跑了过来，我以为一顿臭骂在所难免，可是她并没有对我大吼大叫，她反而兴奋地说：'天啊，罗伯特，你这个熊孩子可太会制造麻烦了。不过，你制造的麻烦棒极了！我还从来没有见过这样的牛奶海洋呢！那么，罗伯特，我们在打扫之前，你想不想在牛奶海洋中玩耍一会儿呢？'

"我没有被骂，反而被允许玩耍，当时真是高兴极了！立即跑到牛奶海洋中放飞自我，十几分钟以后，母亲叫停了我，她又对我说：'罗伯特，你必须明白，今后，无论什么时候，你制造的麻烦，都必须把它处理完美。那么，现在你打算怎么处理这个牛奶海洋呢？我们可以用拖把、海绵或者毛巾来打扫，你选择哪种工具？'

"我觉得海绵是个很神奇的吸水神器，于是我选择了海绵，并在妈妈的帮助下将满地的牛奶打扫得干干净净。

"故事到这里并没有结束，我们做完清扫工作，母亲说：'罗伯特，刚才你用两只小手试图拿起大牛奶瓶，这个试验已经失败了。现在，我们一起到后院去，找个新的大水瓶，将它装满水，然后你再试验一下，怎样将它拿起来，而不让它掉下来。'

"我虽然一开始仍然失败，但很快就发现，只要用双手紧握住瓶口，瓶子就不会轻易从我手中滑落。这对我来说，真的是一堂很棒的课。

"从那以后，我再也不害怕犯任何错误了，因为错误正是学习的契机。科学实验也是这样，就算我的实验失败了，但我仍然可以从中学到有用的东西。"

孩子成长学习的过程不就是这样吗？他们因为犯错，才会得到成长，而我们如果在孩子身上犯错，却足以毁掉他们的一生。我们应该知道，我们是在养孩子，而不是在养花、养床单、养鱼缸、养餐具、养牛奶瓶子……

做父母的，请不要再为那些已经被孩子毁坏、无关紧要的东西大发雷霆，哪怕你的孩子为了学习绘画，把新刷的墙壁涂花；哪怕你的孩子为了学习使用胶水，将新买的衣服粘成一团——请都不要破口大骂。我们应该感谢那些被孩子毁掉的物品，是它们以自我牺牲的形式，为孩子的成长垫平了道路。

一定要孩子听话，那岂不是害了他

图图是一个 10 岁的男孩，聪明机灵，阳光可爱，可就是有一些调皮，不太服从妈妈的管教。

一个周五晚上，八点半，图图仍坐在沙发上看电视。妈妈走过来，斥责道："图图，几点了？还不去睡觉！"

图图正看到兴头上，显然有些不情愿，便马上恳求妈妈："妈妈，明天放假，您就让我多看一会儿吧！还有几分钟，这一集就演完了。"

可妈妈说一不二，气势汹汹："我的话不想说第三遍，现在，立刻，马上，去睡觉！你这孩子，怎么越大越不听话？听父母话，是孩子的美德，我的话你必须照做！"

妈妈的话让图图有些不满，他也不能理解：为什么小孩子一定要听大人的话？难道小孩子就不能有自由吗？难道大人说的就全都对吗？这样想着，图图恼火地回到了自己的房间。

这边，图图妈也非常恼火："这熊孩子，这么大点儿就有小脾气了！"

听话的，才是好孩子——这是大部分中国家长的观念。听话的孩子好管理，能省去许多麻烦，长大以后执行力强。

但事实上，小时候过于听话的孩子，问题更大！

还记得那位在网上控诉父母的留学生吗？主人公是这样一个人：当地高考状元、北大优秀学子、留美研究生，出国后"拉黑"父母，十几年不闻不问不回家。

当全网一片声讨声时，他的回应是一篇万字长信，控诉父母对他的"虐待"。如果我们不带任何偏见地去阅读，你会发现，这封信，字里行间流露着一种压抑感。

主人公在信里详细阐述了父母对他的各种控制，几乎面面俱到，年幼的他无力挣脱，因而产生了极大的心理创伤，当他可以逃离，他选择了断绝联系。

他说自己的性格存在很大缺陷，比如敏感、自卑、软弱，不善交际，而这一切，正是拜父母所赐。从小到大，父母一直按自己的标准来要求他，并且明令他必须听话，否则等待他的将是严厉的斥责，甚至是打骂。

他举了生活中的几个小例子，比如，小学二年级时，学校举行文艺会演，按照班主任要求，班里所有男生必须穿齐膝短裤。而他的妈妈，认为短裤不雅观，不由分说，要求他必须穿长裤，哪怕他苦苦哀求，请求给他拿一条短裤备用，他的妈妈仍坚决表示：不可以！

高中以前，他所有的朋友，都必须经过父母的精心挑选，所有的朋友，必须是父母熟悉的、了解的，或者是听说过的好孩子。父母要求他必须按照他们的标准来交朋友，决不能自作主张，否则他和他的小伙伴一定会被无情地拆散。

结果，他出现了越来越严重的心理问题，自卑敏感，没有主见，不善交际，因此尽管他在旁人的眼里非常优异，但他的人生却糟糕至极——工作屡屡碰壁，情感碎落一地。

得知真相的网友纷纷表示，这场家庭事故的主人公实在太可怜了，也有不少网友感同身受——我爸妈简直和这一模一样！事实上，在我们的身边，可能还有无数个"受害者"，只是他们没说，我们还不知道。

独裁型父母一般都会碰触心理学中的超限效应。

所谓"超限效应"，是指因刺激过多、过强或作用时间过久，而造成的极不耐烦或逆反的心理现象。

也就是说，一些父母，他们给了孩子太多太多的压力、刺激、委屈，而且从来不站在孩子的角度考虑问题，对于孩子的要求、指责已经超限，并且形成常态。这无疑是对孩子身心的摧残啊！

真希望孩子的身上不要再有类似事件发生，能少一件，就是一个孩子的幸运！

德国著名心理学家海查曾做这样一个实验：他对 2 ～ 5 岁时有强烈反抗倾向的 100 名儿童与没有反抗倾向的 100 名儿童跟踪观察到青年期。结果发现，前者有 84% 的人意志坚强，有主见，有独立分析、判断事物和做出决断的能力；后者仅有 26% 的人意志坚强，其余的人遇事不能决断，不能独立承担责任。

"童话大王"郑渊洁说，他从不对自己的孩子高声说话，也从不说"你要听话"。"因为我觉得把孩子往听话了培养，那不是培养奴才吗？"

孩子们在父母的调教下，显得那么可爱听话，习惯在父母的训练下，那么有眼有板。这样的孩子的确受国人喜爱，但长大后的他们，会受世界欢迎吗？他们能接受世界的挑战吗？他们的创新意识还剩下多少？太听别人的话，将来他们什么也干不了，事事都听别人的，因而没了自信心。难道听话的孩子一定是好孩子吗？

心理学家认为，3 岁的孩子不懂得反抗，就不是正常儿童。

孩子应该有自己的个性，他们也应该有自己的一片天空，我们应该允许孩子有适度的自由空间，让他们有展示个性的机会。做家长的，不要凡事都要求孩子"应该这样""不应该那样"，限制太多，孩子就会变得呆板、木讷，缺少个性，将来更不会有多大的发展前途。

父母应该提倡孩子的自我发展，当然，这并不是要淡化家长的作用，对孩子放任自流，而是提倡对孩子人格的尊重和培养。对孩子成长过程中的不良倾向，我们还是应该主动地帮助纠正，特别是应该帮助孩子养成良好的学习、生活习惯，从小树立远大理想，有明确的人生目标和高尚的人格追求。那样的话，我们的教育将会更加灿烂辉煌。家长一定要擦亮眼睛，不要因为孩子听话或者顽皮就轻易下什么结论。相信自己，相信孩子。

那么，我们应该怎样引导孩子既懂事又有自己的评判眼光呢？家长可以从以下几点做起：

（1）我们要求孩子行为上要基本听话，整天打架、骂人、不听话，这是不行的，但思维上可以不太听话，可以有自己的想法。

（2）孩子小时，以听话为主，要培养良好的行为习惯，孩子大了应给一点"不听话度"，甚至行为上也可以有自己的做法。

（3）让孩子为自己的事拿主意。父母不要替孩子安排他学习和生活的细节，不应要求孩子唯唯诺诺，而应尽量教他学会自己拿主意、做决定，锻炼果断决策、组织和安排调动的能力比什么都重要。

（4）培养训练孩子的独立性。在家里，父母要给孩子独立做事的机会，并及早给他独立自由的活动空间，要有自己的小房间，从形式和内容上都要独立起来。

（5）尊重孩子的喜好。家长可根据孩子对某一科的喜好，鼓励孩子将来向这一方面发展，将来做个"个性独特"的人，而不是打压孩子对某一科的喜好。

（6）培养孩子的自主能力。孩子在成长过程中，自主的能力尚在发育之中，对成人依赖性较强。因此，家长在平时应特别注意培养孩子的自主能力，让孩子在遇到问题时多分析、多思考，并通过自己努力找到解决问题的对策。

我们应该培养的是一个不盲目听话的孩子。孩子不但不盲目听从父母的话，而且对所有引发他怀疑的问题，都应该有自己的思考，并且可以大胆地说出来。而这个"大胆"依赖于民主、自由、宽松的家庭环境，假如他面对的是霸道专制的父母，他不敢说。我们只需要告诉孩子一个准则。在这个准则下，他知道什么事情该做，什么事情坚决不能做，他能够掌握好这个度就可以了。不是说我们不管他，而是怎样合理地管。

比来比去，孩子的优点都给比没了

姚女士是一家大企业的部门经理，典型的职场精英，她不仅在职场上争强好胜，在生活中也处处与人较真，包括她5岁的女儿婷婷，也是她与人比较的工具。

某日，姚女士的部门有几位新人加入，姚女士决定在周末搞一次团建活动，并特意告知下属，可以带家属，因为姚女士必须带女儿去。

"妈妈，我可不可以不去？"小婷婷撅着小嘴，一脸不愿意地望着妈妈。

姚女士一边精心打扮，一边果断拒绝："当然不可以，叔叔阿姨都想见到你，叔叔阿姨家的小朋友也想和你一起玩。"

"可是，他们并不想和我玩啊。"小婷婷哭丧着脸小声说。

然而，姚女士置若罔闻，不由分说，便带着女儿去参加了部门团建。

同事悠悠一见到婷婷，就是一顿夸奖："小婷婷，好久不见，又长漂亮啦！听说你上周去参加大提琴比赛了，成绩怎么样呀？"

说起这个，姚女士自豪了："成绩一般，得了个第三。对了，听说你家涵涵也在学大提琴，学得怎么样了？"

悠悠有些尴尬："我家涵涵天赋不行，学了一个月，连一首完整的曲子都拉不下来。"

"技术都靠勤学苦练，让涵涵多练练就好了。"姚女士拿出了领导的派头。

同事王女士看不下去了，笑着说："要搁以前，咱们婷婷绝对是这群孩子里最优秀的，不过现在，就要加油努力，重争第一了。"

"嗯？你有什么新消息吗？"姚女士听后，皱起了眉头。

"咱们新来的同事晓伟，他家孩子可是远近闻名的天才儿童，和婷婷一样大，大提琴已经考了满级，而且还经常参加各种比赛，听说，下周要代表省里去参加全国少儿作文大赛。"王女士眉飞色舞地说着，那感觉就像晓伟家的孩子是她自己的孩子一样，而姚女士的脸色则越来越阴沉。

从那以后，姚女士对小婷婷的要求更加严厉了，她要求小婷婷必须超过晓伟家的孩子，否则作为部门经理的她，脸上怎么有光呢？

而婷婷，在被妈妈超负荷强化训练以后，变得越来越没有活力了。

或许，每位父母都曾有过这样的心理：拿自己的孩子与别人家孩子做对比，孩子比别人优异，父母就很得意；孩子不如别人家孩子，父母心里就很丧气。有些父母因此越加严厉，事事要求孩子向"更好的孩子"看齐。

这就是父母常用的比较，他们习惯于拿他人的优点来比较自己孩子的缺点，也许他们是出于想要激励孩子的好心，但孩子脆弱的心灵怎能承受如此的不被肯定，而且还是来自自己的父母。通常的结果是，比来比去，把孩子的自信心和自尊心都比没了。

可以肯定地说，每一个孩子都不愿意被别人说自己很差，他们都渴望得到别人的赞赏与表扬，尤其是来自父母的夸奖与肯定。如果父母总是拿孩子与别人家孩子做比较，那么往往会出现两种结果：有些孩子会因此滋生攀比心理，事事与人较真做比较；有些孩子会因此失去自信心，一直无理由地否定自己。显而易见，无论哪种结果，对孩子来说都不是一件好事。

拿别人的优点来与孩子的弱点比较，是一种消极的比较法，只能在孩子心里播下自卑的种子。家长越比较，他就越会感到自己是个"无用的人"，从而陷入"自我无价值感"的深渊，产生对什么都不感兴趣、破罐子破摔的心理。

竞争是重大压力的来源之一，它也会打击人的信心，使本来已有的能力无从发挥。因此，自小便拿孩子与人相比的想法是很不健康的，结果往往是孩子变得更脆弱、更经不起挫折和失败。我们要注意的是培养孩子克服挫折和失败的勇气，而不是使其成为竞争的牺牲品。

父母就应该用包容的手段维护孩子的自尊心、自信心。能包容的父母才会有聪明上进的孩子，那么要让孩子感受到你的包容、你的无条件的爱，首先要做到的就是别拿自己的孩子跟别的孩子比来比去。

偏见是把无影刀，刀刀毁娃于无形

在韩国，曾发生过这样一件事情：

一个男孩，因为一直在纸上涂满黑色颜料，被老师当众挖苦：他有病！

男孩的爸爸妈妈看到这种情况，也觉得他有病。

于是，不由分说，这个孩子被送到了精神病院。

直到有一天，一位心理医生无意中看到一块拼图，猛然意识到，那个一直在纸上涂黑色颜料的男孩，那个"精神病人"，有可能正在进行一种拼图式的绘画创作。

这个想法令她有种莫名的心痛，她风驰电掣赶往医院，召集男孩的老师、父母以及精神病院的医护人员，将男孩的所有"黑卡"全部拿到大厅拼凑。

结果，他们真的拼出了一幅即将完成的惊人画作。

男孩的老师、父母和医护人员看到这里，既感到愧疚又无地自容。

因为偏见，人们没有正确看待和接纳孩子的不一样；因为偏见，人们一直用成人的标准去评价孩子的世界；因为偏见，人们毁掉了一个个天才儿童。

这就是偏见，无所谓动机、无所谓过程、无所谓真相，我认为你应该是这样的，你就是这样的！

"偏见"有多可怕？偏见是把刀子，杀人于无形。

小说《杀死一只知更鸟》无疑是哈珀·李最成功也是最畅销的作品。该小说的主人公，一个名叫汤姆·鲁滨逊的小伙子被人诬告犯了强奸罪，只因为他的肤色，即便辩护律师阿蒂克斯·芬奇充分展示了汤姆·鲁滨逊的无罪证明，仍然无法阻止陪审团给出汤姆·鲁滨逊有罪的定论。这一妄加之罪，最终导致汤姆·鲁滨逊死于乱枪之下。

因为汤姆·鲁滨逊的肤色，所以他"有罪"。他"有罪"，是因为他的肤色。这真是一个荒诞可笑的逻辑！即使所有证据都指向·鲁滨逊无罪又怎么样？身份就是他最大的原罪。

思想上的偏见必然导致行为上的不公。在家庭教育中，如果父母带有偏见，那么，等待孩子的就会是一场扼杀未来的灾难。

浩宇很聪明，就是不喜欢学习，不仅如此，有时候他还喜欢耍点小聪明。比如，有一次他就把试卷上的 39 分改成了 89 分，可把浩宇爸妈给气坏了。

前一段时间，浩宇看了几本科普读物，他产生了成为科学家制造智能机器人的美丽梦想，所以决定努力学习，为自己的梦想而努力。就这样，在小浩宇的努力之下，在期末考试的时候，他竟由倒数前进到了第 10 名。

那天，浩宇兴高采烈地拿着试卷跑回家中，结果爸爸在反复检查、确定成绩没有修改以后却说："光看成绩是不错，可是，你是怎么抄到的呢？"妈妈也在一旁冷着脸说："浩宇，作弊是非常可耻的行为，你知道吗？怎么越来越不学好呢？"

"爸爸妈妈，你们怎么可以这样说我？"满心期待父母表扬的孩子，心情一下子坠入了冰河，他哭着跑回自己的房间，从此放弃了努力，他的学习成绩又跌回到谷底。因为对于孩子来说，成绩固然重要，但尊严更不容践踏，既然你们不信任我，那我就破罐子破摔给你们看！

很多时候，决定孩子是否成才的关键因素，并不是家境有多富裕或者父母有多高学历，而是父母在教育孩子时，是否对他持有偏见。

父母的评价，其实就是孩子成长的方向。

　　仔细想想，你是否曾用"偏见"，将孩子的某种跃跃欲试毁于一旦？

　　在浩宇家，由于浩宇爸妈平时对孩子已经有了"成绩差"这样一种先入为主的印象，在孩子进步以后还是以老印象去评价孩子，对孩子造成偏见式的错误认知，结果既伤害了孩子的自尊心和进取心，也毁掉自己在孩子心目中的形象，孩子会觉得父母轻视我、诋毁我、不信任我，这说明他们不是真的爱我。这不仅是浩宇的悲哀，更是浩宇爸妈的悲哀。

　　然而，很多家长都不自觉地对孩子形成了一种带有偏见的认识，尤其是对那些以前"公认"的"坏孩子"。大人们的这种偏见是对孩子心灵的暴力，严重地阻碍了孩子愉快健康的成长。

　　更糟的是，有些家长一旦发现孩子在年幼时有不聪明的表现，如七八岁时有蠢笨的举止，便断言："这孩子脑袋太笨了，这么简单的问题都不会，甭指望他有出息了！"与错误的失望情绪伴之而来的，就是父母对孩子的爱骤然降温，从此，孩子则随时能够领教到父母的责骂与轻视。结果，肉体施暴，伤及皮肉；心灵施暴，损毁自信。受伤的皮肉很快康复，受伤的心灵却可能一辈子也难以愈合。

　　父母们都应当认识到，偏见是对孩子心灵的暴力，在教育孩子的问题上，家长不应对孩子抱有任何成见，任何时候都不该有"这孩子注定没出息"的错误思想。否则，这种伤害孩子心灵的态度会严重伤害孩子的自尊心，既不能使孩子充满自信，也不利于孩子其他方面的发展和成长。

　　因此，如果一个平时调皮捣蛋的熊孩子，突然收敛了往日诸多"捣蛋"的行为，变得安静温顺起来，那么家长和老师就应该相信孩子的变化，赞赏孩子改变自己的勇气和他的上进心，因为这很可能是因为某件事情给他带来了触动。家长每天都应该以全新的眼光来看待孩子，千万不要用旧有的心态评判他们，要知道成长中的孩子可塑性极强，过去不等于现在，更不等于未来。

当孩子在你面前兴高采烈地说，他想做什么时，请给予他鼓励和支持，允许他大胆试一试，而不是说"算了吧，你根本不是那块料！"

当孩子带着满腔期待拿着自己的作品向你展示时，千万不要说"你做的这是个啥？难看死了！"因为这可能是孩子认真对待、改了又改、修了又修的第一幅"巨作"，他极度希望得到父母的肯定，却被你就这样浇灭了所有的创作热情，这不残忍吗？

可能你觉得孩子不太完美，但可能他已经为此付出了全部努力，不管怎样，你的孩子都不是一无是处。鼓励并支持孩子的想法，给他尝试的机会，允许孩子犯错，客观看待孩子的优缺点，对孩子来说，将是一种极大的幸运。

最后，再把《杀死一只知更鸟》的结束语分享给大家："当你杀死知更鸟时，就好像在杀死善良无辜的人。知更鸟什么都没做，只不过是一种最早报晓的鸟儿，又是最后唱小夜曲的鸟儿。它鸣声婉转，曲调多变。它既不毁坏别人的花园，也不在玉米地里做窝，除了专心歌唱，什么都不做。而人们却对其无端残害。许多人的命运都和知更鸟一样，没有做过任何坏事却被人伤害。"

也许你很爱他，但你却在虐他

骏骏的妈妈是一位中学教师，骏骏从 4 岁时起，就显露出了超乎寻常的聪明，尤其是在文学阅读方面，很有天赋。

然而，骏骏的不幸却正是由他的聪明引起的。

我们知道，小孩子总是容易骄傲、喜欢显摆的，骏骏也不例外。当他做好了某件事，或是读完一本好书，总是喜欢对别人"炫耀"一下，把自己的快乐分享给大家。然而，正是这一点，引起了骏骏妈的不满。

骏骏妈性格内向，从不喜欢在别人面前表现自己。正因如此，她觉得骏骏也应该这样。

"骏骏，你又在跟别人显摆什么？"某一个周末，妈妈对着正在和同学高声欢笑的骏骏问道。

"妈妈，我又把《三国演义》读完了。"骏骏兴奋地对妈妈说。

"读完一本书不是很平常吗？你用不着那么高兴。"妈妈有些反感地说道。

"可是，这是四大名著呀！我居然能把这么多字的书读完，难道我不厉害吗？"骏骏说道，满眼放光地等着妈妈的表扬。

或许是由于骏骏的性格与她不同，或许是她认为应该纠正儿子的傲慢情绪，妈妈突然发怒："你手舞足蹈的干什么？你以为只有你才有这个本事吗？就这么点破事，也值得你夸耀吗？骏骏，你太骄傲了！我很不喜欢你这样！"

"妈妈，我做错了什么？"无端受到了指责的骏骏极其委屈地说道。

"你做错了什么，自己心里没数吗？我警告你，不要整天翘尾巴，这让人烦透了！"妈妈继续训斥儿子，"你不要以为自己有多了不起。我告诉你，你什么都不是，妈妈教过的学生，比你厉害的有太多了！我以后再也不想听到你那种自我夸耀的声音！那就像个跳梁小丑一样！"

妈妈说完，"砰"地一声关上了房门。

被当着同学面痛斥的骏骏站在客厅里委屈地哭了起来，他不明白妈妈为什么这样对待他，一种极坏的感觉涌上心头，他的快乐和自信被另外一种东西所取代——我是个很糟糕的熊孩子。

从那以后，骏骏再不愿意读书了，他完全变成了另外一个人。这个原本颇有才华的孩子最终可能一事无成。

心理学上有一个术语叫心理虐待。把心理虐待一词用在父母身上有些耸人听闻，其中一些虐待是显现在外的，法律上明确规定了的，比如毒打；有些则是没有明确的法律规定的。但是，这些行为对孩子的身心发展很不利，我们也称之为虐待，包括精神上的虐待。

所谓"心理虐待"又称"心灵施暴"或"情感虐待"，是指那种在幼儿教育过程中有意无意地、经常性或习惯性地发生的伤害性的言行。心理虐待对儿童造成的伤害不像体罚那样显现在外，在短期内难以看到负面影响，因此不易引起人们的注意，更难以对其进行量的统计。然而，心理虐待给孩子造成的伤害与体罚一样严重，甚至还大于体罚所造成的伤害。

目前，最令人悲哀的是这样一种现象：父母往往在物质上对孩子无微不至，而在心理上对孩子却很吝惜，甚至刻薄。

以下的做法对孩子的精神发展非常不利。

（1）损伤孩子自尊。就像骏骏妈一样，有些父母在孩子的同伴面前，毫不留情地数落孩子，揭孩子的短，让孩子感到无地自容，这也容易让自己的孩子成为小伙伴们嘲笑的对象。社会心理学有个术语叫作"标签效应"，意思是说，对人的看法就像给人贴了一个标签一样，使得此人以后做出与标签相符合的行为。父母当众说孩子调皮不听话，就是给孩子贴一个标签，以后即使孩子有了改变，别人对孩子的看法还是很难改变的。

（2）对孩子冷漠。爱的剥夺对孩子的心灵伤害至深。有的父母不缺孩子的吃穿，却对孩子不管不问，不拥抱孩子，不和孩子一起玩儿，视孩子为负担，把孩子扔给保姆或者爷爷奶奶。在这样的环境下长大的一些孩子觉得生活没什么太大意义，对人缺乏信任，冷漠，破坏欲强，容易和其他遭遇相似的孩子混在一起，形成犯罪小团伙，也容易被成年犯罪分子所谓的关心拉下水。一个缺衣少食、干重活的孩子，如果有温暖的家庭，不会造成心理上的不健康，而如果情况相反，孩子的人格发展极有可能出现问题。对孩子幼小的心灵来说，"有奶未必就是娘"。

（3）忽略孩子的进步。在孩子看来，每当他取得一点进步，就值得好好高兴一番。有的父母不懂从孩子的角度来看问题，或者担心孩子听到表扬之后骄傲，就老是批评孩子，不把孩子的进步当回事儿。久而久之，孩子也会认为自己真是没有用，丧失进步的动力。

（4）迁怒于孩子。有的夫妻因爱成仇，离婚后不许孩子和另一方接触，在孩子面前辱骂另一方。孩子看到自己最亲爱的两个人如此相待，哪里还会相信有真正的关爱？还有的夫妻每当看到孩子就想起对方，不由得怒从心中来，责骂孩子，孩子会觉得自己是多余的。这样的孩子缺乏安全感，容易出现行为问题，将来到了谈婚论嫁的年龄，虽然心中渴望爱情，但是又心怀恐惧，在感情问题上非常敏感，也容易出现问题。

（5）毁坏孩子心爱的东西。小孩子往往有个百宝箱，里面装满了他心爱的东西。另外，孩子对小动物的喜爱、亲近更是一种天性。父母在看待这些东西时，往往会觉得那简直就是一堆破烂儿。

有的父母不仅自己动手，有时还逼着孩子亲自扔掉或毁坏掉这些东西。现在的孩子多有玩具、宠物，它们有时候扮演着孩子的朋友的角色，孩子无微不至地照顾宠物，对玩具娃娃小心呵护，实际上是在锻炼如何去关爱别人。

很多父母都抱怨，孩子长大后不知道如何爱别人，不懂得体贴别人，却没有想一想，在孩子小的时候，父母是否有意识地引导他如何去关爱？

（6）剥夺孩子玩游戏的权利。孩子的天性就是爱玩游戏，在游戏中，孩子得到快乐。现在的父母往往对子女期望很高，孩子每天都是要么做作业，要么参加各种各样的辅导班，孩子每天忙得喘不过气。不让孩子玩儿的另一个后果是孩子厌倦学习。父母剥夺了孩子游戏的快乐，也使得孩子学习中发现新知识的快乐变成了负担。

不要以为心理虐待没有什么要紧，其实这造成的伤害甚至还大于体罚所造成的伤害。缺乏父母关怀爱抚和鼓励的幼儿比遭到父母体罚的幼儿，其心灵所受到的创伤更深，智力和心理发展所受的损失更大。遭受心理虐待的孩子更容易误入歧途，诱发严重的社会问题。

Chapter 2

唤醒孩子的自律，
让熊孩子学会自己管自己

人之所以成为人，是因为有思想，能自控，不让自己的情绪和欲望开闸泄洪。

熊孩子之所以"熊"，本质上是缺乏基本的自控力。因此，妈妈们早期教育的主体，就是培养孩子自律和自控的能力，使他们能够控制自身行为符合主流价值观、标准和规则。因为如果你不教会孩子树立正确的自我认知，如果你不教会孩子良好控制自己的情绪，如果你不教会孩子自己规范自己的行为，那么即使他再聪明，将来也不可能走得很远。

你管得再严厉，都不如教给他自控力

巧音中午给家里打了一个电话，询问一下小侄子的学习情况。不问还好，一问巧音的头就炸了！

嫂子开启了碎碎念模式，跟她控诉小侄子的种种恶行。

"你给他报什么班，他都不用心学习，人是去了，心却不知道在哪里，回来一问三不知，钱没少花，知识几乎没学到。"

"你看看他这个寒假，每天就变着花样玩，一天也写不了几个大字，你批评他，他还跟你较劲，你批评他一句，他有十句等着你，你打他一下，他还跟你怒目相向。"

末了，嫂子哀叹道："这熊孩子我是管不了了，他爱变成什么熊样就变什么熊样吧！你哥整天不着家，孩子的事情一点不操心，以后我也不管了！"

听了嫂子的抱怨，巧音也很无奈，她也想不明白，现在的熊孩子，自控力怎么就这么差。

"自控"这个词在成人世界常常被提到，无论对于生活还是工作来说，自控力都是幸福指数的决定性因素。然而，很多父母因为自己的"慈爱"和不舍，将自己的孩子纵容的不成样子，使孩子成了毫无自控力的人。妈妈们口中常说的"他还小""不懂事"，恰恰是毁孩子人生决堤的白蚁。

　　某女家境富裕，又是家中的独生女，自幼便被爷爷奶奶、爸爸妈妈捧在手心里，视若掌上明珠，这使得她养成了任性妄为、骄横放纵的个性。

　　某天，该女孩与朋友饮酒后，在朋友的怂恿下，执意驾车回家。于是，悲剧发生了。

　　她先是与停在路边以及正常行驶中的多辆汽车发生剐蹭，在被群众拦停以后，又强行驶离。最后，严重追尾十字路口一辆等红灯的私家车，造成私家车燃起熊熊烈火，车上人员，两死一重伤。

　　案发后，该女孩被扒出，她驾驶的那辆豪车违章超过 68 次，她的驾照也有 18 次扣分记录。这个数字表明，该女子平素就是一个任意妄为、目无法纪的人。

　　那辆在路口等待信号灯的私家车，车里的三个人，他们有着各自的家庭，他们可能都是家里的顶梁柱，他们也许正在开心地聊着未来，聊着家里的孩子，他们如何也想不到会天降如此大祸。

　　他们的孩子还没来得及好好享受深挚的父爱，他们还没有带着孩子到祖国各处去看看，他们还没陪孩子在知识的海洋中成长起来，他们年迈的父母余生恐怕只剩下了悲哀。

　　那一次任意妄为的放纵，毁灭了三个美满的家庭，我们不知道在那熊熊烈火中，是否有人听见无助和绝望的哭声。

　　而这个女孩，也在法律的裁决下，得到了应有的惩罚。

　　在这个社会上，类似的例子多不胜数，很多人可能都无法理解，为什么明知道自己有可能铸成大错，还要一意孤行做不应该做的事情呢？归根结底，这就是自控能力缺失的表现。

人都有七情六欲，很多人在七情六欲的支配下做出悔恨终生的事情，自控力缺失因而也被认为是完成人生目标最大的绊脚石。不过，自控力的强弱，往往并非与生俱来，而是从小被塑造的一种心理惯性。

当我们发现家中的孩子，做事情总是三心二意，我行我素，任性索取，恣意妄为，不要把这些表现当作孩子的天性不加纠正。不注重培养孩子的自控力，这会让孩子在离开父母以后，抵制不住七情六欲的诱惑，生活变得没有秩序，自然也无法做到自尊、自爱、自重。

那么，我们又该如何去培养孩子的自控力呢？

（1）从小教会孩子管理自己的情绪。国外某著名心理学会曾做过这样一个实验，对象是 1 岁的宝宝。

这个宝宝还不会说话，无法和父母进行准确沟通，心理学家们在进行这个实验时，首先让妈妈用积极的语言和行为"挑逗"孩子，此时，宝宝也会根据妈妈的行为做出积极的回应，如好笑的声音，喜悦的表情，兴奋的肢体语言。

几分钟以后，心理学家又要求妈妈不与孩子沟通，并且表情非常生冷，孩子做任何动作，妈妈都不要给予回应。结果，孩子坚持了两分多钟，情绪就开始崩溃，四肢开始气急摆动。这时，心理学家让妈妈调整表情和积极回馈，孩子马上又被安抚下来。

这个实验表明，幼儿在 0 ～ 2 岁懵懂期，孩子控制情绪的能力主要依赖父母的语言、表情和行为反馈，父母有意识地训练，能够帮助幼儿形成情绪调整的初级能力，等到孩子 3 岁以后，他们就可以初步控制自己的情绪了。

对于 3 岁以后、6 岁以前的孩子，妈妈们应该开始给他们立规矩，如不要随意哭闹，不许任性撒泼，不要把衣服、玩具丢得到处都是，并要求他们配合自己的指令，做出更好的反馈。这样的话，大多数孩子在 6 岁以后，基本可以具备简单的情绪管理能力了。

（2）从小给孩子立规矩。在一个没有规矩或者规矩界限模糊的家庭中成长的孩子，性格一般比较随意，其比较明显的表现就是生活饮食作息不规律，大多数孩子在学习、课堂纪律方面，自控力都不如人意，所以给孩子立规矩，也要从小做起。

那么，怎么立规矩？从教育的角度来说，一套能够培养孩子自控力的规矩，起码要满足两个基本条件。

第一，规矩的创建者即孩子的爸爸妈妈，首先要守规矩。比如，你跟孩子说要远离手机，自己却每天抱着手机玩个不亦乐乎，这个规矩还有说服力吗？规矩，对整个家庭都有约束力，孩子才会愿意去遵守。当然，孩子的规矩也没有必要和成年人一模一样，可视情况而定，酌情修改，只要对孩子来说，有说服力即可。

第二，规矩一旦定下，就不要随意更改。父母不能根据自己的喜好或者溺爱孩子，而随意改动规则。规矩不停变动，会令孩子无所适从，同时，也会使规矩彻底丧失对孩子的约束力。

父母若能严格遵循这两点条件，那么在父母的带动下，孩子自幼便会建立规则意识，逐步学会控制自己的欲望，学会遵守秩序。

（3）要有激励，且要守信用。父母在为孩子制定好规则以后，应该根据孩子的达标情况，给予合理的奖惩。比如，如果孩子表现得好，可以得到一个渴望已久的玩具、一次外出游玩的机会，等等。只要孩子做得好，父母就应该信守自己对孩子的承诺，不要对孩子言而无信，否则孩子会对遵守规则索然无趣。

值得一提的是，这个承诺务必要及时兑现，不能对孩子说，等以后有时间再带你去玩，或者等过年再给你买。如果大人说话不算数，小孩子为什么还要遵守约定呢？

（4）延迟满足欲望，强化孩子自控力。当孩子提出要求、表达愿望时，多数妈妈都是毫不犹豫予以满足，哪怕孩子的愿望不太合理，或者自己满足起来有点吃力。事实上，这种"惯孩子"的做法对孩子有一定的负面影响。孩子的欲望被轻易满足，他们就会认为理所应当，对自己的任何欲望都不会加以控制，自控力就这样一点点沦落了。

某著名主持人在某个节目中曾当众表示，自己的孩子很喜欢弹钢琴，而且在这方面有一定的天赋，为了培养孩子，在孩子提出想要一架钢琴的时候，她立刻就去买了回来。坐在一旁的一位嘉宾则提出了不同意见，她说不应该这个样子，这样子孩子容易不珍惜轻易得到的东西。她家孩子想要钢琴的时候，她则对孩子说钢琴好贵，家里买不起，但如果他真的特别喜欢钢琴，并且能坚持努力学习，爸爸妈妈可以更加努力地工作，给他买一架钢琴。

这样的延迟满足，能够使孩子更加珍惜"来之不易"的东西，也会在潜移默化中强化他对欲望的控制力。

需要注意的是，既然是延迟满足，那就不是直接拒绝，我们应该有技巧、有策略地对孩子的"欲望"进行拖延，千万不要伤了孩子的进取心。

你认为不对的，未必就是不对的

有个人想从井中打一桶水上来，但由于力气有限，水又装得太满，水桶太重，他提上一点，又坠落一点，如此反复多次，这个人筋疲力尽，水仍然没有打上来，但他又不甘心就此放手。

他狠狠地对桶说："你这个顽固的家伙，你怎么就不肯上来呢？你赶紧上来啊！"

桶也很委屈："分明是你把我装得太满，自己提不动嘛！"

那个人气恼："我让你发挥自己的最大作用，我有错吗？你再不上来，信不信我摔碎你！"

桶也生气了："那你也要现实一点啊，自己有多大力气，心里没点数吗？再说，我被你这样折腾来折腾去，我也很累啊！"

那个人想了想，觉得桶说得似乎也有道理，于是将木桶倾斜，倒出一部分水。这一次，他轻松地将桶提了上来，人不累，桶也不累，目的还达到了，大家都很高兴。

其实，我们教育孩子有时就跟打水一样，你让孩子承载的太多，不仅我们筋疲力尽，孩子也因为负重太大，不上不下。再者，教育孩子最要不得的就是把自己的意志强加给他，你的高度限制与把控，很容易使孩子成为永远提不上来的桶。

事实上，谁都不会喜欢专制的领导或同伴，子女对专制的父母同样也是反感的，尽管他们有时表面上表现得"百依百顺"。

自然，父母要求孩子做的事，大多是有道理、有理由的。但是对孩子，无论是在什么情况下，用粗暴、将帅式的语言、态度，只会伤害孩子的自尊心，引起孩子更激烈的反抗。

因此，希望家长们不要再对孩子简单粗暴，我们应该多站在孩子的角度想问题。要知道孩子的思维方式和成人的思维方式是不同的，家长应该抱着平等的态度，丢掉成年人的认识框架，以孩子的眼光来理解他们的世界，并给予引导，那么教育的效果一定会好很多。

跃跃从小学一年级起学习成绩一直就很好，这令跃跃爸妈很是欣慰。几年来，他们从没为儿子的学习操心过。可是，最近一段时间，跃跃妈妈烦恼了，因为跃跃迷上了电脑。

在此之前，跃跃妈为了防患于未然，家里就没添置电脑、平板这些电子产品，如果下班后遇到紧急工作需要处理，也甘愿再打车去单位一趟。可是近一段时间，跃跃爸爸的工作进行到关键阶段，经常要在单位加班到凌晨，几乎到了废寝忘食的地步，身体越来越差。没有办法，跃跃妈一咬牙，一跺脚，买了一台新电脑，方便跃跃爸爸在家工作。

跃跃平时就羡慕同学家里有电脑，家里添了一台电脑后，他高兴极了，写完作业，一有时间就坐在电脑前。有时，他还会偷偷摸摸将书房门关上，不知道在电脑上做些什么。跃跃妈妈对此很是担心，所以她以给跃跃送水果为由，前去探察，探察的结果是，跃跃竟然学会了上网聊天！

跃跃妈妈的担心由此一发不可收拾，她既担心跃跃沉迷于网络，又害怕网上坏人多，孩子被那些坏人给带坏了。于是，她狠了狠心，对跃跃爸爸说："孩儿他爸，要不你还是辛苦一下，回公司加班吧！"

跃跃爸爸简直有点哭笑不得，他安慰妻子说："孩子不就是玩了会儿电脑嘛，这都什么时代了，孩子不会用电脑也是不行，你不要太担心。"

跃跃妈眉头一皱，气上心头："防患于未然懂不懂？天黑路滑，网络复杂，你就不怕孩子掉进网络的黑洞里吗？我可告诉你，我前两天还看见跃跃上网跟人聊天了呢！"

跃跃爸被怼得无言以对，对妻子竖起了白旗，并自告奋勇也要去做一回侦探，去探明跃跃到底在电脑上干些什么。当晚，跃跃爸来到书房，坐在跃跃旁边，饶有兴趣地看儿子玩了会儿益智游戏。一局打完，跃跃爸一脸"虔诚"地对儿子说："跃跃，你会上网聊天吗？可以教教爸爸吗？"

跃跃狡黠一笑："老爸，你得到老妈允许了吗？"

跃跃爸大手一摆："现在是网络时代，大量社交都通过网络进行，爸爸这也是工作需要，你妈妈她管不着！"

客厅里，突然传来跃跃妈的几声干咳。

跃跃捧腹大笑。笑过，跃跃一本正经地对爸爸说："爸，上网聊天交朋友可以，但网络上有好人也有坏人，我怕你好坏不分，被人蒙骗哦。"

跃跃爸见缝插针："那你小子上网聊天，就能分辨出好人坏人？难不成是孙悟空，有火眼金睛？"

跃跃则表示："我没有这个本事，所以我没加好友，我只是进了一个写作兴趣群，大家在里面探讨一些写作的方法和技巧，这是我的弱项，我觉得我应该多向别人讨教。"

这下子，跃跃爸妈心下了然了，而妈妈的忧虑也随着考试的来临而消失了，因为跃跃不但成绩有所进步，而且以往最令跃跃挠头的作文，竟然也得了高分。

不可否认，网络确实太过复杂，其中隐藏着各种陷阱和诱惑，令人防不胜防，但如今网络已经渗透到生活的方方面面，将孩子与网络彻底隔断，只会让孩子被时代甩在后面。再者说，不止是网络，生活中还存在着很多不安定因素，我们真的能将孩子封禁得密不透风？即使你做到了，那么孩子也让你养残了。

父母不能因为自己觉得不合理，就粗暴地压制孩子。教子应该是努力启迪和教育孩子，让孩子健康自然地发展，粗暴地强迫孩子如何如何，效果一定不会好。

强制孩子是没有意义的，家长必须学会尊重孩子的选择，尊重孩子的兴趣理想，担忧、保护孩子当然没有错，可是家长不能利用自己的身份压制孩子。说到底，人生毕竟是孩子自己的。

我们应该把孩子看作家庭成员中平等的一员，让孩子大胆发表自己的意见，鼓励孩子大胆参与家庭事务，大胆发表自己的意见，允许孩子在有关自己的问题上持有保留、修改、完善自己意见的权利。

我们应该给予孩子一定的、可供自由支配的时间和空间，不要轻易干涉他们的正常行为，不要试图去窥探他们的隐私。

我们应该尊重孩子的选择，不要强行对孩子进行知识和技能的灌输；不要不考虑孩子的天赋及兴趣，按照自己的想法进行塑造；不要不考虑孩子的承受能力而进行超龄负载；不要不考虑孩子智力发展的规律性和阶段性，夸大目标进行施教；不要不尊重孩子的意愿，擅自为孩子做出种种选择和安排。例如，在为孩子购买玩具、衣物和生活用品时，应该尽量征求他们的意见；又如，在参加课外兴趣活动时，应尽量尊重孩子的选择；再如，高中阶段选择文理科时，亦应尽量给予孩子自主选择的权利。

当然，对于孩子的选择，家长如果发现有不妥之处，可以而且应该为孩子提供一些参考意见，但绝不可以滥用自己的权威，强迫孩子做他们不愿做的事。哪怕是好事，父母的要求是正确的，也只能耐心地开导，绝不能一意孤行，不能强迫、蛮干。

熊孩子不认错，其实都是有原因的

小淘气包凯凯所在的幼儿园举办亲子运动会，于是全班同学和家长们在一起愉快玩耍了一个下午。活动结束后，孩子们仍未玩够，于是凯凯妈妈和几个家长带着孩子们又去广场玩了起来。

孩子们在一旁嬉闹，家长们自然是聊娃了，内容显然离不开孩子的教育问题。

谈起教育熊孩子，凯凯妈妈那是相当无奈，她说："我家凯凯就是一头小犟驴，不管犯了多么大的错误，就是梗着脖子不认错，任你道理讲得口干舌燥，他反正左耳朵听右耳朵冒。"

凯凯妈妈一说完，好几个妈妈立刻表示家有同款熊孩子。川川妈妈更是夸张地说："我家那个熊孩子，都快把我气出心脏病了！"

孩子在成长过程中，大错小错简直就是家常便饭，可以说，孩子就是在一次又一次的"错上加错"中学会了什么叫正确，然后才慢慢长大。可是问题来了，为什么有些熊孩子就是不愿意认错呢？即便你已经很温柔地告诉他，妈妈不会批评他，更不会惩罚他。

　　其实，孩子死不认错，根本原因还是孩子根本不知道自己为什么就"错"了。我们以成人的视角来评判孩子的行为，我们裁定他的行为是错误的，可孩子往往并不这么认为，他可能也很懵：我到底做错了什么？

　　一天，心血来潮的梦琪给妈妈精心栽培的月季花剃了个光头，看着那一片片翠绿翠绿的花叶散落在地，梦琪妈妈的火"蹭"地一下就蹿了上来，把小梦琪好一顿训斥。可是，小梦琪也很委屈，她觉得自己的作品很好看啊，爸爸平时给花草修剪枝丫不也是这么做的吗？

　　听到孩子稚气未脱的反驳，梦琪妈妈冷静了下来，开始进行自我反思。梦琪爸爸经常拿着小剪刀修剪他那几盆盆栽，孩子看见了，觉得很有趣，也学着爸爸的样子，给月季花"理发"。从孩子的逻辑来讲，她的确没有做错，因为孩子并不知道，不是每一种植物都需要修剪枝丫，就算是修剪，也不需要把所有枝叶都剪下来。

　　想到这里，梦琪妈妈把孩子叫了过来，诚心诚意地向"熊孩子"承认了错误，并认认真真地告诉孩子，为什么有些植物不需要修剪枝丫。小梦琪这下子终于明白为什么自己做错了，从这以后，她再也没有拿着小剪刀乱剪东西。

　　孩子不肯认错，还有一个很重要的原因，就是家长没有弄清事情的来龙去脉，就对孩子大吼大叫，孩子会觉得，既然我已经被骂了，那还认错干什么呢？最后索性死不认错。

　　孩子拒不认错的第三个原因是他们的自尊心使然。很多孩子在犯错以后，实际上内心已经知错了，并试图努力对错误进行弥补。然而，很多家长察觉不到孩子的微妙心理，他们更希望看到孩子在形式上低头，在口头上认错，孩子没有说"我错了"，就不算数。这种形式主义的做法，很容易使孩子产生逆反心理——你让我认错，我偏偏不认。

其实，只要孩子内心知错，愿意改错，说不说出来又有什么关系呢？教育孩子，我们难道也需要形式主义吗？

在孩子犯错以后，家长首先要做的不是问责，而是以孩子的视角去解读、去思考，去和孩子沟通，问一问孩子为什么要这样做。有时候，大人眼中的不良行为，其实只是孩子单纯想法的结果，只是他们阅历太浅，思考问题不全面，无法控制后果。

有一位妈妈，婚姻不幸，独自带着女儿辛苦度日。那天，她带着满身的疲倦回到家中，真想倒头就睡。

就在她掀开被子的一刹那，她看到了一幕让她七窍生烟的场景———碗泡好的方便面被扣在床上，床铺上一片狼藉。身体的疲惫、工作上的不如意，加上此时的气愤一起发作，她不由分说地将女儿从床上拎起，对着她就是一通臭骂。孩子默不作声，低着头默默收拾残局。

看到这个场景，妈妈也逐渐冷静下来，觉得自己的做法有些过分，于是俯下身和孩子一起收拾，并柔声询问孩子为什么这样做。谁知这一问，孩子"哇"地一声哭了出来。

原来，孩子自己在家吃泡面的时候，突然想到妈妈还没吃饭，就想着给妈妈也泡一份，这样辛苦一天的妈妈回家后就能吃现成的了。但是，面泡好以后，离妈妈下班还有一段时间，面凉了该怎么办？孩子灵机一动——可以放被窝儿里保暖啊！

结果，她在等妈妈的时候不小心睡着了，又把面碗不小心碰倒了……

妈妈得知事情的来龙去脉，瞬间泪目，抱着女儿连声说着"对不起"……

如果不知反思，孩子的善意就将这样被冤枉；如果不懂沟通，孩子的孝心妈妈永远不知道。有时孩子犯错，并不是故意使坏，也不是发疯搞怪，他们只是单纯地想做些自己觉得应该做的事。

因此，妈妈们在面对犯了错的熊孩子时，一定要首先保持自己的理智，克制自己的怒火，别急着去教训孩子，也别急着逼孩子认错，先和孩子好好沟通一下，问一问，你为什么要这样做？也许那个答案，会带给你意外的惊喜。

当然，调皮是孩子的天性，我们也不能过分纵容孩子。有时候孩子因为调皮做了"坏事"，遮遮掩掩不愿主动承认，父母也没有深究，则会使孩子的这种小毛病一直维持下去，结果只能是使孩子的小毛病变成大缺陷，所以，教会孩子知错认错，是妈妈们需要好好学习的一门功课。

培养孩子做"坏事"不遮掩的习惯，妈妈可以这样做：

（1）让孩子冷静地反省自己的错误。妈妈面对做了"坏事"的孩子，可以保持沉默，不理睬他。这时，孩子的心里会紧张起来，自己会把犯错的地方重新再思考一遍。这样，给孩子一段时间冷静一下自己的头脑，过些时间再与他交谈，孩子就能坦然接受意见。

（2）对孩子的认错要多鼓励。妈妈要耐心地教育孩子，让孩子勇于承认错误，当孩子承认错误时，妈妈要给予奖励，并告诉他绝对不能再干"坏事"了，这样会起到非常好的效果。

内建自省体系，孩子自会追悔莫及

一个女孩，因为家里条件不好，被迫离开父母打工的大城市，回到家乡一所普通中学就读。对于新环境的不适应以及内心的委屈感，使她在电话中和母亲发生了激烈的争吵，冲动之下，在当天老师布置的日记作业中，她写道："我是又穷又笨的人生下的可怜虫。"

日记上交以后，女孩便开始有些后悔，心里越发对父母感到愧疚，也对自己的冲动很是自责。

第二天上课的时候，老师并没有特意对她说什么，只是在发回给她的日记上简单地写了一句话——"一个人的出身，和她的未来有多少关系呢？"

老师的话让女孩更加惭愧，她开始认真反思：我常把自己的不如意归责给父母，总是觉得，如果不是因为他们没能力，如果不是因为他们没有钱，如果不是因为他们的愚蠢决定，我的人生怎么会如此不堪。而对于自己，我总是自视过高，理所当然地认为自己的前程被家庭耽误了，像极了一个不负责任的球员，总是把球队的胜利归功给自己，把失败推诿给队友。

老师简单的一句话触发了女孩的自我反省，使她从"自以为是"的思维中跳了出来，认真检讨自己，并学习去做一个有责任感的人。

变化在不知不觉中发生了。一个学期以后，女孩的学习成绩提高了不少，朋友也多了不少，更令人欣慰的是，她学会了体谅和关心父母。

卓越开始于反省，如果一个人能够时常反省自己，那他一定能够不断改进，日趋完美。具有这种能力的孩子，就像一个奋发向上的登山者，他一边攀登，一边回头审视自己的脚印，他不会让自己被同一个错误绊倒，也不会半途而废，安于现状，放弃努力。

事实上，当孩子做错事时，让孩子学会自己去反省，去总结经验教训，他们一般便不会再犯同类的错误，效果会比妈妈一味地斥责与唠叨要好得多。

赫赫在客厅里疯玩，桌子上的小摆件被他碰到地上摔碎了，赫赫却告诉妈妈："是桌子不稳，摆件才掉下来的！"

妈妈真是哭笑不得。她先是把摆件碎片小心地清理干净，然后认真地问赫赫："你刚刚在哪里？"

赫赫回答："我就在客厅里啊！"

妈妈又问："那你刚刚在干什么呢？"

赫赫："我想把桌子上面的那盒饼干拿下来吃。"

妈妈："然后呢？"

"然后我手一滑，饼干盒子重新掉在桌子上，结果饼干没事，却把一旁的摆件砸到了地上……"不等妈妈细问，赫赫已经如实交代。

妈妈欣慰地点了点头："赫赫，老实地承认错误并不难，不是吗？如果你一开始就承认错误，我们现在已经在考虑，是不是可以把饼干盒子的位置改动一下，让你拿起来毫不费力。但你为什么一开始不肯承认呢？"

赫赫挠了挠头："我怕你骂我……"

这次轮到妈妈承认错误了，她叹了口气说："以前，我对你可能的确太严厉了，也没有好好注意自己的态度，我会努力改正，我们一起改正错误，好不好？"

赫赫开心地点了点头，妈妈也松了一口气。

对于自己曾经做过的错事，孩子其实都记忆犹新，关键在于，我们能否引导他们有效反思，由衷承认自己的错误，正确认识到自己的错误。这位妈妈的做法就非常值得我们学习，面对孩子的错误，时刻让自己保持理智，不过多纠结错误造成的影响，就事论事，追根溯源，引导孩子认识到自己的错误并主动承担责任，无疑是一次非常成功的教育。

要让孩子学会自我反省，很关键的一点就是应该让孩子学会总结经验教训，因为总结经验教训事实上就是对自我行为的一种反省。

因此，培养孩子善于作自我反省，家长应该注意以下几点：

（1）不直接对孩子的错误横加指责。在孩子做错事时，如果家长总是一言不合就大声训斥甚至破口大骂，孩子不是被吓得不敢承认错误，就是对家长产生逆反心理，使孩子的情商发展受到限制。孩子犯错时，即使后果有点严重，家长也应保持理智，采用对事不对人的态度，循循善诱，引导孩子进行自我反省，真正认识到自己的过错。

赫赫的妈妈在这一点上做的就非常好。

（2）让孩子学会客观对待批评。在教育孩子的过程中，我们在提倡赏识教育的同时，也不应放弃对孩子的批评教育。当然，批评孩子的语气要温和，批评孩子的缺点应该中肯。父母还需要告诉孩子，在接受他人批评的时候要认真倾听，保持平和的心态，有则改之，无则加勉。

父母在批评孩子的时候不仅要讲究批评的方式和方法，而且对孩子的评价也要适当，不能过分夸张。父母应该让孩子明白，对待批评，头脑应该冷静，不要过于冲动，但这并不表示默不作声，而是应该仔细反省自己的行为是否有不恰当的地方。

（3）允许孩子做出解释。当孩子有了过失，父母如果允许孩子对事情做出解释，不仅可以更全面地了解事情的真相，还可以引导孩子进行自我反省。比如，为什么自己的行为得不到别人的认可，是不是哪里做得不好，等等。当然，父母应该让孩子明确的是，允许他做出解释，并不是让他推卸责任。

（4）让孩子自己承担错误的后果。在现实生活中，孩子做错事，很多妈妈的第一反应是，替孩子把错误的后果承担下来。妈妈们觉得这是在守护孩子，其实这样做，会使孩子产生"对错无所谓"的不良心态，影响孩子的是非观，弱化孩子的责任心，孩子们也不会认真去自我反省，因而总是一错再错。

因此，妈妈们请不要那么"尽责"，我们应该给孩子自己承担错误后果的机会，让孩子明白，错误不能再犯，因为后果可能很严重。

错不能白错，学到东西才是好样的

前段时间，一个小男孩被妈妈送进派出所的视频在网络上迅速走红。

原来，这个熊孩子一时心血来潮，用自己的玩具车刮花了别人的小汽车。

这种情况下，很多家长的第一反应是孩子闯大祸了！随之而来的便是又打又骂，脾气暴躁的，甚至大耳光子都抽上了。但是，视频中的妈妈并没有，她首先承担起作为监护人的责任，替孩子赔付给车主4000元钱。

然后，她把孩子送进了派出所，让他去跟警察叔叔"自首"，承担相应的处罚。

最后，警察叔叔告诉他："男孩子大丈夫，该自己承担的责任一定要承担，作为处罚，你回家要帮妈妈做家务，用自己"打工"的钱，抵扣妈妈垫付的赔偿款。"

孩子的心是单纯的，通过妈妈和警察叔叔的教育，他认识到自己真的做错了，同时他也明白，做错了就要承担错误带来的后果，接受大人们给他的"处罚"。

这是他在这次错误中所学到的东西，远比一顿打骂更让他深受教育。

当孩子做错了事以后，心里会感到非常害怕，这时家长再去严厉责备孩子，只会加深孩子的恐惧，有的孩子甚至因为害怕而不敢承担责任。我们应该向上面这位妈妈学习，反正错误已经造成了，再去苛责孩子也挽回不了损失，当下最重要的是怎样让孩子从小错误中领悟大道理，不能让这个错误变得毫无意义。

安安是个 5 岁男孩，今天他在客厅里踢足球，只见他飞起一脚，家里的观衣镜应声而碎。

现在假如你是安安的妈妈，你会怎样处理这件事呢？

方案一：收拾他，必须让他长记性，狠狠地骂一顿，气急了说不准还要给他两下子，惩罚他一个月不准看动画片。

方案二：赶紧自己收拾残局，告诉孩子："没关系，没关系，你不要过来，不要踩到玻璃碎片，让妈妈来收拾。"

方案三：先确定孩子有没有受伤，叫孩子一起来收拾残局，一起承担自己不小心做错事的后果；然后，再教孩子怎么去做就不会再次出错——足球应该在操场上踢，而不是客厅里；最后和他约定好，如果以后还在客厅里踢球，妈妈就将足球没收！

哪种方式更好呢？

相信大多数妈妈都表示方案三好，然后身体却不由自主地执行方案一或方案二。

为什么会这样呢？

因为大多数家长都会觉得，相较于前两种方案，方案三太麻烦。好在，安安妈妈选择的是方案三。

一天，安安的朋友、6岁的航航不小心把安安辛辛苦苦做好的纸房子给弄坏了，可原本很生气的安安并没有像往常一样跟自己的小伙伴打起架来，而是拉起航航的手说："航航，咱们再做一个吧。"

安安想起自己踢碎镜子，妈妈都没有骂自己，航航只不过是弄坏了纸房子，那更是可以原谅的了。妈妈站在一旁，欣喜地看着安安："宝贝，你做得很对！"

"妈妈，我还要教会航航怎样制作小船！"得到妈妈鼓励的安安高兴地说。

心理学家告诉我们："当一个错误已经发生、覆水难收时，你发再大的脾气，也都于事无补。"大声责骂孩子，也只是使孩子更害怕、更恐惧而已，更糟糕的是，你的愤怒造就的可能就是一个胆小狭隘的孩子。在生活中，当错误已经发生时，宽容孩子的错误，教会孩子勇敢面对、勇敢承担，让孩子在错误中学到东西，才是我们最好的选择。

孩子，正是在一次次新的体验中获得成长。其实，每一次错误，都是一次让孩子学习的良机，孩子犯错我们可以惩罚，但妈妈们千万别忘了，我们惩罚孩子的基本出发点和目的，是为了让孩子知错改错，并在错误中获得成长。

杜绝被宠坏的童年，从小赋予孩子责任感

考试成绩出来了，川川妈妈看到儿子考试成绩不太好，忍不住说了他两句，谁知道，这可打开了熊孩子抱怨的大门。他一会儿说这次考试很多题目都超了范围；一会儿说前座同学总干扰他学习，令他没法集中精力；一会儿又说老师没给大家划重点，让他复习起来找不到头绪；最后索性怪起了考场，说陌生环境给他造成了局促感，影响他发挥……总之，没有一个原因是他自己的。

川川妈妈听着熊孩子的抱怨，真的很头疼，这样一个不知道为自己过失承担责任的孩子，将来步入社会，谁会愿意对他委以重任呢？

看一个孩子是否真的有所成长，很重要的一点，就是看他是否意识到自己的责任，并愿意承担这些责任。一个孩子主动担责，正是他真正成长的开始。

那些习惯于推卸责任的人，几乎都有一个被"宠坏"的童年。责任心这东西不会随着年龄增长水到渠成，尽早培养孩子的责任意识，才能避免孩子长大不成人，遇事不立事。如果你是有大格局的妈妈，你一定会明白责任意识对一个人的发展、一个家庭的幸福有多重要，所以，对孩子责任意识的培养你就

绝不能忽视。

然而，在我国，大部分父母往往都会这样做：孩子犯下错误后，父母赶快帮孩子弥补过失，事后再处罚孩子。其实，这样教育孩子效果并不会太好。这样做，实际上是剥夺了孩子自己承担责任的机会。在一些西方国家，每个孩子都很清楚地被要求对自己的行为承担责任，如果违反规则就要接受适当的教训。

一个十来岁的熊孩子，在自家院子里踢足球，一个大力抽射，邻居家的玻璃应声而碎。

邻居说："我家安装的是好玻璃，花大价钱买的，一块玻璃价值 12.5 美元，你赔。"

这是在很多年前的美国，那时候还没通货膨胀，货币还很实惠，12.5 美元大概可以买 125 只老母鸡，这对于一个没有收入的少年来说，无异于天文数字。

没办法，熊孩子回到家中，找父母要钱。父母对他说："既然是你闯的祸，你就要自己担责，没什么说的，你得自己赔。你没钱，我们可以借给你，一年后连本带利，如数归还。"

在接下来的一年里，这个熊孩子被迫做起了"童工"，他给人擦皮鞋，为人送报纸，力所能及的卑微工作他都愿意做。终于在一年后，他通过自己的努力，将"巨额贷款"连本带利如数还给了父母。

这个熊孩子后来成了美国总统，他的名字叫罗纳德·威尔逊·里根。他在自己的回忆录中说："正是通过这样一件事，父母让他明白了什么是责任，那就是为自己的错误负责。"

这种事情在我们国家是很少见的。同样是打碎玻璃，我们最常见的做法是，替孩子道歉，再让孩子说句对不起，然后说："回家去吧，赶紧把作业写完，等晚上我再收拾你。"最后自己留下来替孩子处理善后事宜。

很多父母都说现在的孩子责任心越来越差，可孩子的责任心到底是怎么变差的呢？父母们是不是也应该反思一下？

让孩子自己承担错误造成的后果，这种处罚手段可以说是纠正孩子错误的良方，比责骂更能给孩子留下深刻印象，因为这种因果教训更能使孩子直观地认识到自己的错误。

我们作为父母的目标就是让孩子在生活中学会做人，引导、教育、帮助他们形成自我约束感——一种发自内心的对自我的制约，而不是来自外界的强制。任何不能使得孩子在生活中学习做人，不能维护孩子尊严的做法都不能被称为约束，仅仅称得上是惩罚，不管它被包装得多好。

培养孩子责任意识的关键，不仅在于父母是否给孩子练习的机会，还在于父母是否具有责任感。假如你本身就是一个毫无责任感的人，还怎么对孩子进行责任教育呢？

另外，在一个专制的原生家庭里，也很难培养出有责任感的孩子，因为父母对孩子管制得太多，控制得太死，使孩子没有机会就某件事做出负责任的行为，孩子做事只是服从，听命于父母的意见。只有民主的家庭才是孩子责任感生长的最佳环境。

我们要教育孩子学会自我负责，对自己行为的后果负责，还要善于抓住生活中的点滴小事，不论事情的结果好坏，只要是孩子的独立行为结果，就要鼓励孩子敢作敢当，不要逃避责任，应勇于承担行为的后果。父母不应替孩子承担一切，以免淡漠孩子的责任感。

此外，父母还应该鼓励孩子接触社会，使孩子在接触社会中体会到被他人、被社会需要的乐趣。因为"被需要"是人的一种基本心理需求，能够在社会中发挥自己的作用，有助于进一步培养孩子的社会责任感。

让孩子感到愧疚，而不是满心羞耻

明明犯大错了！他竟然偷了妈妈 100 元钱，和好朋友一起去吃肯德基。

妈妈彻底愤怒了，小小年纪就"偷"，这还得了？必须狠狠地惩治他，让他一辈子忘不了！

于是，在妈妈的"强烈要求"下，明明被迫脱得只剩一条内裤，站在小区的小广场上示众。不一会儿，围观群众就有十几个了，明明满脸通红，而明明妈则冷着脸一言不发。

大家有点看不下去了，问清缘由后，纷纷劝明明妈停止这种惩罚，因为这种惩罚方式实在太伤孩子自尊心了，很可能会影响孩子的身心发育，但明明妈就是不为所动，而明明的眼泪则瞬间滚落下来。

最后，邻居孙阿姨实在不忍心孩子如此难过，上前帮明明穿好衣服，连劝带拉才让明明妈将孩子带回了家。

虽说孩子犯错不能不给点惩罚，父母的出发点也是为了让孩子知错认错，避免以后再犯，但教育还是要讲究方法，方法偏激，对孩子的害胜于益。

实际上不止明明妈，很多家长在孩子犯错以后，都给出了不良反应。

尽管他们的做法说不上令人发指，但却让孩子觉得十分羞耻，由此对自己产生了极不好的认知，认为自己差劲、恶劣，甚至是可耻。

就像被迫光身在公共场合罚站，相信任何一个孩子都会无比抗拒，而且内心会升腾起严重的羞耻感，这感觉可能会缠绕他一生，经久不散。

如果父母总以偏激的方式教育孩子，任何孩子都会产生反抗心理。正如能力法则所认为的那样，若给孩子以反复的刺激，就会使孩子逐渐形成"逆反"的能力。这就像是常用一种药物，人体就会迅速产生抗药性，不久这种药就会对病毒完全不起作用。同样，对孩子越是一味地责备，其反抗心理就越强，最终父母还是以屈服于孩子而告终。

实际上，羞耻感虽然会使孩子长记性，但往往都是负面效果极强的记忆，要想让孩子真正知错改错，愧疚感才是正解。

著名儿童心理学家朱恩·坦尼指出：父母应该将这两种心

理区分开来，要让他们有愧疚感，而不要让孩子产生羞耻感，因为这容易让他们推卸责任、逃避现实，甚至于为了防御转化为攻击。

愧疚感虽然也是一种负面道德情感，但显然，它不会像羞耻感那样给孩子留下深深的心理烙印，而且与多数正面情感相比，它更能在孩子心中留下深刻记忆，促使他不断自省，区分好坏是非、对错美丑，并督促自己改正错误。

翰翰 18 岁了，他刚刚拿到驾照。

一天早上，妈妈要翰翰开车送她去离家较远的市区办事。翰翰非常高兴，因为他不但可以开车，正好还可以去朋友面前显摆一下。

他开车将妈妈送到目的地，约定下午 3 点再来接她，然后，就约朋友去看电影了。等到电影结束，已经是下午 4 点了。这时，他才想起与妈妈的约定。

当翰翰把车开到预先约定的地点时，看见妈妈正孤独地站在路口。翰翰心里暗想：如果妈妈知道自己因为看电影而不守信用，一定会非常生气。

翰翰低着头走了过去，先是向妈妈道歉，然后撒谎说，他也想早点儿过来，但是车的引擎出了一点儿毛病，需要修理，4S 店花了一个多小时才将车修理好。

听完儿子的话，妈妈看了他一眼，伤心地说道："翰翰，你觉得有必要对我撒谎吗？"

"没有！妈妈，我说的是实话。"翰翰还在狡辩。

妈妈再一次看了看儿子，"当你迟到 20 分钟时，我就给

4S 店打了电话，他们告诉我你并没有在那里，所以，车子根本就没有出毛病！"

听了妈妈的话，翰翰羞得满脸通红，他低着头向妈妈坦白了实情。翰翰妈妈认真地听着，脸色变得更加难看。"我现在不是生你的气，而是生我自己的气。我觉得自己很失败，因为我养了一个爱说谎的儿子。我现在要从这里走回去，好好反省一下我这些年来做的错事。"

翰翰的道歉并没有使妈妈改变主意。

炎热的天气下，翰翰的妈妈开始沿着尾气飞扬的人行道行走，翰翰将车子停好，迅速跟上母亲。翰翰一路上都在道歉，告诉妈妈他是多么难过和抱歉，但妈妈只顾着走路，根本就不理他。

10 公里的路程，翰翰以每小时 3 公里的速度一直跟着母亲。

10 公里的路程里，看着妈妈遭受肉体和情感上的双重折磨，这是翰翰生命中最难忘的一次经历。然而，它同样是生命中最成功的一次教育。自此以后，翰翰再也没有对妈妈说过谎。

翰翰对妈妈撒了谎，妈妈完全有理由狠狠地责骂他一顿，可妈妈却没有那样做，她反省、惩罚自己的行为，要比一万句责骂更有效。翰翰被感化了，因为这次经历，他一辈子都不会再对妈妈撒谎。

在劝导孩子时，我们常用的方法就是晓之以理，那么何不试试动之以情呢？冗长的说教只会让孩子产生"听觉疲劳"，不如以真情实感打动孩子、感化孩子，这样孩子才能真正地痛改前非。

当孩子做错事时，心里会有歉疚感，如果父母这时不责怪孩子而是反省自己，那么大多数孩子都会真正认识到错误，并改掉自己的毛病。

Chapter 3

换一种友爱的语气，
解决与熊孩子沟通的障碍问题

也许有一天，你会无奈地发现，自己在孩子面前的权威性下降了。孩子"人不大，心不小"，样子挺张狂，还不爱理娘。你心里哀叹：为娘太难了！

好吧，那一定是你没有找到与熊孩子沟通的法门。一个睿智的妈妈，应当是善于与孩子沟通的，即善于发现孩子在想什么、在干什么。当孩子做出一些离谱行为时，妈妈不是当场质问或训斥，而是冷静思考：他为什么这样做？他心里到底在想什么？经过这样的思考，妈妈更容易理解孩子，而理解孩子恰恰是成功教育的前提。

熊孩子的敌意，来自妈妈的霸气

一天晚上，一位妈妈焦急地来到派出所，报警称自己的女儿受到坏人威胁，从家里拿走了 5 万元钱。

在派出所，那位女士的女儿任妈妈怎样规劝、责问，就是一言不发。后来，还是一位年轻警察主动和小姑娘"套近乎"，和她谈了几句当下热门的明星和流行的服饰，两个人熟络起来，才慢慢套出了女孩的实话。

原来，是女孩自己偷了家里的钱，用 2999 元钱买了一部自己喜欢的手机，剩下的钱一分没动，都被她藏了起来。那么，女孩为什么会做出如此"惊天大案"呢?

女孩表示，前几天晚上，她和同学通电话的时候，妈妈因为她聊天的时间长而当场大声训斥她，让她和电话那边的同学都很尴尬。挂掉电话以后，她和妈妈理论，进而升级为争执，若不是爸爸及时回来，她险些就被妈妈打了。

第二天，她看到妈妈往床头柜里放了不少钱，她瞬间报复心起，就趁着妈妈不在家把钱一扫而空。拿到钱后，她做的第一件事就是给自己买了一部新手机，办了新号，这样以后打电话就不会被妈妈监视了。

民警将孩子的话告诉了她的妈妈，并嘱咐女孩妈妈好好和她沟通。事情至此，妈妈也认识到了自己的错误，诚恳地向女儿表达了歉意，告诉女儿以后一定会尊重她的朋友，再也不会那么做了。孩子也意识到自己的行为有些过激，从自己卧室的床底下拿出了装钱的鞋盒子，一场母女之间的误会风波就此结束。

可以看出，女孩不是什么"坏孩子"，也并没有像妈妈说的那样被人胁迫，只是因为妈妈没有尊重她的朋友而激发了她的"报复"心理，而妈妈后来直接武断地认为女儿被胁迫偷钱更加疏远了母女之间的距离。直到最后，有人愿意倾听她的心声，她才把这一切吐露出来，一场误会才得以解除。

父母是孩子的第一任老师，也是孩子成长过程中接触时间最长的朋友，在孩子成长的过程中，最需要父母的关心，也最愿意和父母交流，特别是对于进入青春期的孩子来说，这种交流更是非常必要的。这个阶段的孩子自我意识增强，渴望挣脱父母的束缚，如果缺乏父母的理解，亲子关系就会变得紧张，甚至不利于孩子的健康成长。父母不愿意倾听、理解孩子，最终可能会丧失倾听的机会，到最后孩子什么都不愿意和父母说了。

从孩子的角度来讲，孩子向父母倾诉的愿望本是天生的，却因为种种原因形成障碍，倘若父母希望亲子沟通重新变得畅通，就需要重新给孩子营造倾诉的环境和气氛。当父母能以良好的心态、平等的态度倾听孩子诉说时，孩子才能从父母这里获得亲切感和安全感，才愿意给予父母信任感，那么，沟通就会变得顺畅。

然而，实际生活中，宠溺子女的父母比比皆是，却少有人正视孩子的人格尊严。倘若孩子在生活和学习中遇到什么问题或疑惑，向父母寻求帮助或答案时，许多父母一言不合就会打断孩子的话，张口闭口都是大道理，又或训斥，又或打骂，孩子话到嘴边，又不得不咽回去，亲子沟通的障碍由此越来越多。

难道，这就是我们想要看到的结果？如果不是，为什么我们不能平心静气，以对等的态度和孩子认真沟通呢？

莹莹今年上初一。近期，莹莹妈发现女儿有点不对劲，经常一个人发呆，一副心事重重的样子，以前那个活泼爱笑的女孩不见了。莹莹妈敏感地推断，女儿一定是遇到事情了，她需要和女儿敞开心扉谈一谈。

这天吃过晚饭，妈妈让爸爸去公园散步，随后来到莹莹的房间，拉着莹莹的手说："我宝贝女儿最近好像有心事，怎么样，是否可以跟你亲爱的老妈透露一下？"

莹莹低下头，红着脸，张张口，终究没有发出声音，接下来就是一阵沉默不语。

看到女儿欲言又止的样子，妈妈继续诱导说："莹莹，你是大姑娘了，人长大以后都会有心事。我不是一直跟你说，我既是你的妈妈，也是你的闺蜜，你遇到了什么烦心事、碰到了什么解决不了的困难，都可以跟妈妈说，妈妈就算帮不上忙，也可以和你一起承担啊！你觉得，妈妈还不足以得到你的信任吗？"

又是一小阵沉默，莹莹终于抬起了头，小声说："妈妈，这件事我不太好说出口，怕说了以后，您不理解，或者做出什么过激行为。"

莹莹妈妈心里确实有些忐忑，但还是笑着说："傻姑娘，你老妈也是从你这个年龄过来的，有什么事情不能理解？你说说看，兴许妈妈也遇到过呢。"

莹莹终于鼓起来勇气："妈妈，我的同桌浩然您知道吧。"

"知道啊，那个男孩子不错，待人接物彬彬有礼，成绩也很好，老师经常在班级群里夸奖他。"

莹莹接着说："我和他关系挺好的。他虽然综合成绩比我好那么一点点，但数学成绩一直比我差那么一点点，所以早自习的时候，我经常帮他补数学。可是上周一，他说……"莹莹停顿了一下，羞红了脸，深吸了一口气，才继续说："他竟然说他喜欢我。妈妈，我该怎么办？我不想失去这个朋友。"

莹莹妈妈终于知道了这些天来女儿心神恍惚的原因，她知道，这件事情挺棘手，必须帮助女儿把它处理好。想到这里，妈妈拉起女儿的手说："我还以为多大的事呢！这有什么难办的？这说明我的宝贝女儿长大了，而且她很优秀，否则怎么会被优秀的男孩子喜欢呢？妈妈很高兴，而且你能和妈妈说这件事，妈妈更高兴了。不瞒你说，妈妈上初中的时候，也被男孩子表白过。"

"什么？妈妈你没骗我吧？"莹莹瞪大了眼睛。

"当然没有，你老妈是爱说谎的人吗？那时候老妈上初二，比你大一点点。你姥姥家的邻居家里有一个男孩，高高壮壮，长得很帅，每天骑自行车带我上下学。"

"老妈，这件事老爸知道吗？"莹莹狡黠地问道。

"保密！你念念不忘的那条裙子还想不想买了？"

"就这么愉快地决定了！"

"一开始，老妈觉得没什么，单纯的认为是邻家大哥哥照顾小妹妹，直到有一天，帅哥给妈妈写了一封信……"

"写了什么？文采好不好？你是怎么回应的？"

"当然是说喜欢你气质出众、貌美如花、温柔可爱的老妈了，文采那是相当的好。不过，你老妈当时就告诉那位邻居帅哥，我想要他这样一位哥哥。后来，他就真的成了我的哥哥，我们这种异姓兄妹关系一直持续了好久，直到妈妈大学毕业落户到这座城市，而他定居广州，才逐渐失去了联系。"

停了一下，妈妈接着说道："莹莹，现在你也长大了，妈妈相信你能处理好这件事情。作为过来人，妈妈给你个建议，你可以和浩然聊一聊，告诉他，现阶段保持这种纯洁的朋友关系很好，大家可以相互帮助，共同进步，但不要有别的想法，因为你们还没有真正长大。妈妈相信，浩然一定能够理解的。以后如果你有什么难题，随时和妈妈沟通好吗？宝贝女儿，别难过了。"

"妈妈，谢谢您，您真是我的好妈妈！我犹豫了好久，都不敢跟您说呢！"莹莹释然了，笑容很灿烂。

这就是美妙的沟通，它依赖于诚恳的倾听。如果父母没有"倾听意识"，没有耐心听孩子将话讲完，或者一言不合粗暴打断，又或者强行将自己的意志压在孩子身上，对孩子的消极影响是显而易见的。

一方面，孩子无论对父母说什么，都得不到父母的重视，他们只能把心事藏在心里，久而久之，关系疏离，父母不能走进孩子心里，不能读懂孩子，正面管教又从何说起。

另一方面，孩子说话的愿望始终被压制，久而久之，就会产生对抗情绪，稍有不慎，就可能心理成疾。

那么，在沟通方面，家长应该怎么做，才能给孩子创设一个幸福温暖的成长环境，从而与孩子建立起和谐亲密的亲子关系呢？

（1）在孩子情绪好的时候进行交流。每个人在高兴的时候都更容易接受别人的意见。当孩子处于兴奋状态的时候，家长和他交流最容易。这个时候，家长能够利用他的情绪，让他讲一下班级里发生的趣事，从而引起话题。如果不高兴的时候，家长也能够通过及时的关心来了解到底是什么事情使他不高兴。

（2）有一个固定的交流时间。交流时间可以选在吃饭的时候，或者睡觉以前。可能吃饭的时候说话不算是一个好的习惯，但是有的孩子确实在吃饭的时候注意力比较集中，情绪也比较高涨，家长可以利用这个机会来多了解一下他的学习状态以及学校中的生活。而在睡觉以前，短暂地聊会儿天，既是对一整天的一个小总结，也能够使孩子睡得更踏实和香甜，即使是在做梦，也会感觉到有爸爸妈妈陪着自己，心里有一种安全感。在孩子 3～4 岁的时候，他的秩序感发展得很迅速，总在一个固定的时间做相同的事情，能够使孩子感觉到安全感。

（3）学会"拿自己开刀"。并不是每次家长和孩子谈话都能引起孩子的回应。有时候，孩子会以"我今天很累，先不说了"为理由，来拒绝与家长的交流。这个时候，家长不妨尝试着自告奋勇一下，先拿自己"开刀"，讲讲自己今天一天都遇见了什么事情，读了什么书，见了几个朋友，等等。当家长讲完，孩子很有可能就会争着抢着和你说他今天遇到的事情，读过的书等。通过这样的方式，家长就会了解到孩子生活及学习的状态。

（4）孩子不愿意说的时候，不要强迫他说。有的时候孩子不愿意说了，家长可以装作彼此欢快地聊天的样子，可以抢着说出自己的情况。这个时候，孩子不甘于被冷落在角落里，往往会主动地凑上前来"听我说，我也有故事要讲"。

（5）父母要放下强烈的自我意识。父母要懂得亲近孩子、了解孩子，只有这样才能倾听到孩子的意见、想法。当发现孩子的问题时，要用积极的态度帮助孩子解决问题。无论孩子表现得多么失控，父母都要控制好自己的情绪，冷静处理。如果父母发现自己的情绪也跟着失控起来，可以做做深呼吸，平静自己的心情，之后再心平气和地跟孩子说话。处理负面状态时，不宜谈谁对谁错，因为没有人愿意承认自己是错的，如果此时在谁对谁错上争论，只会进一步恶化双方的关系，可以用"对不起""我爱你"等词语去抚平激动的心，等到双方情绪稳定下来再继续谈事情。

你不准孩子有意见，索性他就没主见

瓦妮莎女士来到中国工作，她很不理解一些中国妈妈的行为。

比如，有一次，瓦妮莎和几位女同事相约聚餐，除了瓦妮莎这个单身贵族以外，其他几位同事都把家里的小宝贝带了过来。

点餐时，瓦妮莎笑着问孩子们："嘿，小家伙们，你们想喝什么饮料？"

谁知她的话音刚落，一位同事就替孩子回答："小孩子是不应该喝饮料的，我家孩子还是喝杯牛奶吧。"

此言一出，另外几位同事纷纷附和："我家孩子来杯白水就好了""我家孩子也来一杯牛奶"……

这一幕，让外国友人瓦妮莎女士十分诧异："我在询问孩子们的想法，可是为什么是你们在替他们回答？难道这帮小家伙连自己想喝什么都不知道吗？"

见瓦妮莎一副茫然不解的样子，众妈妈们异口同声："小孩子什么都不懂，我们是为他们好！"

这话一说，瓦妮莎就更懵了："孩子们喜欢什么，难道他们自己不知道吗？你们自作主张的'为他们好'，他们真觉得很好吗？"

孩子们听到这位漂亮的外国阿姨说的话，都诧异地瞪大了眼睛，转而满眼期许地望向自己的妈妈，而中国妈妈们索性聊起了别的话题，对瓦妮莎女士的询问和孩子们的眼神置若罔闻、视而不见。

在中国的许多家庭里，都有个很奇怪的现象。一方面，父母对孩子很娇惯，对孩子的物质要求有求必应；另一方面，父母却从不把孩子当作一个有思想、有主见的人，他们觉得应该怎样做，就要求孩子完全照做，从不考虑孩子可能会有什么想法。只因为他们是家长，就似乎一切做法都是应该的、合理的。

这样在孩子身上会产生一种什么样的后果呢？

如果父母总是不允许孩子发表意见，或是完全不尊重孩子的意见，总是把自己的想法强加给孩子，使孩子的表达欲望长期无法得到满足，那么孩子的内心将无比失落，因为他们感觉不到自己受重视，甚至觉得自己说话都是多余的，长此以往，很容易变成一个孤僻的、怯懦的、不善交际的人。

锐锐已经是小学五年级的学生，马上就要升中学了。可是，他却不善于语言表达，在众人面前，一说话就脸红，这使得他几乎没有什么朋友，同学们暗地里都叫他"哑巴王子"。

锐锐为什么会出现这种状况呢？

原来，锐锐父母自有一套教育、管理孩子的特别办法。

锐锐从小到大，父母很少给他畅所欲言的机会，别人问锐锐问题，父母怕孩子回答不好，丢人现眼，总是自作主张地替他回答。有时候，锐锐刚刚说出一点自己的意见，就被父母强行打断："小孩子什么都不懂，不要信口开河！""爸妈说什么，你听着就是了，大人的话没错！""我们说的话没错！"

还有时候，锐锐想和爸妈说说自己身边发生的事情，却屡屡被父母无情拒绝："你没看到大人正忙着吗？别捣乱行不行？一边玩去！"

有客人来到锐锐家做客，锐锐的爸妈则要求孩子一定要有礼貌，要懂事，大人们说话时，小孩子不许乱插嘴，最好是到别的地方去玩，让大人们清静地说话。

即使是一家三口闲聊，锐锐的话也经常被打断。比如，锐锐正说到兴高采烈处，父母却要突然纠正他的发音、用词，或者批评他的某个想法，等等，令孩子垂头丧气，谈兴全无。

即使是成人，当自己的发言屡遭别人打断或反驳时，也会兴致大减，缄口不言。因此，这种做法必然会影响孩子个性和能力的发展。

多数孩子会逐渐变得寡言少语，缺乏表达意识，不愿独立思考、自主行事。这很自然，既然动脑子出主意、表达想法会被打断、否定，甚至受到批评指责，又何必自讨苦吃呢？

渐渐地，锐锐越来越不喜欢说话了，上课不爱回答问题，不敢发表讨论意见，甚至都很少和同学们交流了。

很多家长都是这样，他们不时地打断孩子的讲话，甚至阻止孩子讲话，不给孩子发言的机会，不把孩子当成有思想的人，也就不会用心去体会孩子的思想，去了解孩子内心的想法，而他们还会认为自己是尽到了他们管教子女的责任。

于是到后来，这样的父母往往会抱怨说：

"这孩子怎么不像别人家的小孩那么机灵？"

"这孩子怎么反应这么迟钝啊！"

"这孩子真偏，什么都自己做主，从不听大人的意见。"

"他一点儿主见也没有，到底该怎么办，他自己竟然不知道。"

这能怪谁呢？这是自食其果。

父母打断孩子的话，或阻止孩子讲话，孩子的思想表达不出来，孩子的意见不能发表出来，这样父母不能了解孩子，给予孩子恰当的指导，对孩子成长极为不利。一些孩子变得不善于口头表达，变得没有主见、怯懦、退缩；而另外一些孩子却变得独断、盲动，听不进别人的意见。

家长应当把孩子当成一个有思想的独立个体，给孩子对等的地位，尊重孩子说话的权利。教育学家认为，只有平等的、民主的家庭才能培养出具有独立意识、乐观积极的孩子，而专制的家庭只能培养出唯唯诺诺的庸才。

父母应真正地给予孩子平等的地位，不打断孩子的讲话，给孩子发言的机会，把孩子当成有思想的人，用心体会孩子的思想，了解孩子内心的想法，这才是真正尽到了教育子女的责任。

不被信任的孩子，不会信任父母

某天深夜，江边大桥上，一名中年妇女瘫坐在地，捶胸顿足，号啕大哭，就在几秒钟之前，她的儿子，一个 15 岁的少年，在她眼睁睁的注视下，纵身一跃，跳桥而下……

幸好，夜跑的路人水性极好，千钧一发之际挽救了男孩的性命。

一个花样年华的少年，为什么会在一个漆黑的夜晚，选择以这样残忍的方式结束自己的生命呢？

原来，男孩的同桌当天丢了钱，有同学怀疑是他偷的，男孩与对方吵了起来，受到了老师的批评。母亲知道以后，对着男孩就是一通训斥，又因为男孩小的时候有过一次偷拿家里钱的经历，话里话外都带着对男孩的猜忌和质疑。

男孩感觉人格受到了极大侮辱，尤其是来自母亲的质疑，更令他万万无法忍受，于是激愤之下，趁母亲靠边停车的工夫，飞速打开车门，跨过护栏，飞身而下。

男孩施以急救，苏醒以后，这位母亲口中仍在抱怨："怎么批评你几句，你就寻短见，你这熊孩子心理怎么就这么脆弱啊？"

然而，酿成这起悲剧的主要原因究竟是孩子心理过于脆弱，还是母亲的教育出了问题？也许，两者兼而有之。可是，孩子过于脆弱的心理，又是如何形成的呢？

当代社会，竞争压力极大，多数父母都跟打了鸡血似的，生怕孩子在起跑线上慢半步，所以，孩子的时间被塞得满满的，父母也围着孩子团团转。然而，孩子成长中最不该忽略的心理筑基，却被多数父母直接忽略了。

父母对孩子心理最大的伤害莫过于不信任，不信任孩子的父母亲手将孩子推到了自己的对立面，孩子报复性地不再信任父母。于是，两者之间沟通越来越少，关系越来越差。这种原生家庭里成长起来的孩子，要么不出事，一出事往往不会是小事。

其实，孩子的世界非常简单。小时候，爸爸妈妈就是他们世界里的太阳，爸爸妈妈毫无疑问是他们最相信的人，这种信任与生俱来、毫无条件。然而，遗憾的是，很多父母并未给予孩子相同的反馈。

很多父母，当孩子出现问题时，不分青红皂白，将错误统统归咎到孩子身上，真应了那句话——"说你错，你就错，没错也错！"这种情况只要出现几次，孩子就会觉得父母根本不爱他、不理解他，因而会主动和父母拉开距离，亲子关系只能越来越糟糕。

回过头再分析一下那个跳江的少年。表面看，15 岁的男孩因为母亲的几句批评，就出现极端情绪，负气轻生，好像孩子的心理承受能力是不怎么样，逆反心理太重，但稍微用心分析就会发现，真相没有那么简单。

实际上，当天男孩的心理遭受了两次重创，一次是来自同学的质疑和老师的批评，这已经让男孩内心很受伤。本来，如果能从母亲这里获得关爱、安慰、理解和信任，他这道伤口可以在很大程度上愈合。谁知，母亲得知此事后，非但没有安抚他，反而是严厉批评加怀疑追问，这等于是在他裂开的伤口上又补了一刀，一瞬间鲜血淋漓。

而这一次心理重创来自他最亲密也是最渴望得到信任的人。可以想象，在那一刻，男孩的内心是多么痛苦和失望，他似乎想到了什么，他可能什么都不愿再想……

有人可能要跳脚了："按这个逻辑，孩子犯了错，爹妈连说都不能说了吗？"话不是这样说的。

我们可以批评孩子，但不能毁灭他的自尊、作践他的人格；我们可以教训孩子，但不能使用辱骂和暴力，不能带有偏见和傲慢；我们可以了解真相，但不能先入为主地对孩子充满怀疑。

亲子关系里，彼此的信任是纽带牢固的根本。只有在父母客观无条件的关爱、鼓励和信任之下，孩子才能积累起积极乐观的心态，才不会因为一点失败就裹足不前，更不会因为一点创伤把自己送到不归路上。

而不被父母信任的孩子，他们无论如何也无法做到积极乐观，他们在被父母质疑的同时，也与父母拉开了距离。他们即使遇到了很严重的事情，也宁愿一个人忍受痛苦，而不愿寻求父母的帮助。

鹏鹏是个聪明机灵的男孩，他活泼好动，很是调皮捣蛋，上小学这两年，没少被老师"找家长"。鹏鹏爸爸和妈妈觉得自己的脸都快被这个"熊孩子"丢尽了，生气之余，没少对鹏鹏说"狠话"。

一天，放学写完作业，鹏鹏和几个小伙伴去公园玩，期间，鹏鹏和一个孩子发生了矛盾，那孩子恶作剧似的捉了一只小虫放入鹏鹏的耳中，鹏鹏侧着头倒了半天，但小虫依然没有被倒出来。

回家以后，鹏鹏并没有将这件事情告诉父母，就那样生生忍受小虫钻耳之痛硬挺了一晚。第二天早上，鹏鹏起床以后，突然左耳听不清声音，这才哭着向父母说出实情。鹏鹏爸妈立即将孩子送往医院，检查结果，是小虫咬穿了耳膜，导致鹏鹏左耳失聪。

在医院，鹏鹏父母失声痛哭，尤其是鹏鹏妈妈，她痛心疾首地喊道："你这熊孩子，为什么不早点告诉我们？如果你早些说出来，事情也不会弄成这个样子！"

见妈妈此时仍在厉声质问，鹏鹏大哭着喊道："跟你们说有什么用？每次我和小朋友打架，哪怕是我被欺负了，你们也会说，'他怎么就打你，不打别人呢？还是你自己有问题！'你们什么时候相信过我？我为什么还要和你们说？"

没错，这又一个悲剧，还是孩子与父母之间失去信任感导致的。生活中，这样的例子比比皆是。然而，为什么家长们还不能及时警醒呢？

再次奉劝各位家长，当孩子某些地方出现问题时，我们一定要学会站在孩子的角度上考虑问题，想一想孩子为什么会这样。只有我们和孩子站在一起，愿意由衷地相信孩子，才能切实地解决孩子身上发生的问题。最怕的就是，孩子一出现问题，我们不由分说、不分青红皂白，先将孩子臭骂一顿，这样下去，别人家孩子身上发生的悲剧也可能在你家孩子身上重演。

苏联著名教育家苏霍姆林斯基在其著作《要相信孩子》中，特别强调了亲子之间相互信任的重要性，并特别指出：不管是在孩子的天性中还是后天成长需求中，孩子对来自父母的信任都是极度渴望和迫切的，而父母给予孩子足够的信任，也是极其迫切和必要的。

为什么这么说呢？因为只有父母给予孩子足够的信任，孩子感受到来自父母的信任和重视，他们才能产生自我价值的存在感，才能拥有合理的自尊和自重，父母越是愿意信任孩子，孩子独立处理问题的积极性和能力就越强。随着问题一次一次被解决，他们战胜困难和解决问题的信心和勇气也会愈发强烈。

爱，最好的证明是信任。良好的亲子关系，一定是彼此尊重、彼此理解、彼此信任的。只有在这样的关系中成长，孩子才能朝向父母期许的方向发展。

总对孩子食言，孩子满嘴谎言

一位妈妈在网上吐槽，说自己最近相当头疼，因为自家的熊孩子近期经常说谎，已经被她发现好几次了，批评过他，也教育过他，然而并没多大作用。某天，她去接孩子放学，老师告诉她："你家孩子把同学的手背挠伤了，当时很多同学都看到了。"然而老师询问缘由时，他竟然死不承认。老师表示："你回家好好和他谈谈吧。"

这位妈妈非常担心，她说："我不怕孩子犯错误，可他习惯性撒谎让我接受不了，如果将来成为一个满嘴谎言的人，还能有什么出息啊？"

诚实做人，诚信做事，是通行社会的基本准则，所以当孩子满嘴谎言时，做父母的怎会不担心。

然而，其实我们也不必一发现孩子"说谎"就怒火中烧或是焦躁难安，小孩子说谎，与成人有着本质的区别，我们不能因为孩子说几句谎话，就论断他的品行差。

事实上，孩子说谎也分有意说谎和无意为之。

生物学研究表明，3 岁以下的孩子，还分不清真实与虚幻，对人物关系、数量、时间、空间等，并没有清晰的概念，往往是自己说了谎话，自己还以为自己说的是实情。

比如，孩子从幼儿园回来，对着妈妈竖起五个手指，兴奋地说："妈妈，我今天在幼儿园吃了五碗饭！"显而易见，这不是实情，但孩子此时还分不清数量，他以为自己就是吃了五碗饭。

类似种种，都属于不自觉的、无意识地说谎，我们应该将其与成人世界的说谎区分开来，更不能将其看作"品行不好"的表现。事实上，这种现象在孩子慢慢长大以后是会逐渐消失的。

有意说谎是孩子为了达到某种目的故意编造的谎言，虽然不能简单粗暴地断定这是一种坏品行，但如果任其发展，积习难返，势必成为孩子的一种品行缺陷。

那么，孩子说谎的目的到底是什么呢？

（1）逃避责罚。按基纳特定律来解释：孩子在做错事时，倘若他说了真话，反而遭到父母的斥责，所以撒谎就会成为他内心解脱的避难所。

（2）躲避强迫。比如，孩子早上去幼儿园，发现早餐又是米粥，而米粥是他很不喜欢的食物，他就会告诉老师："我在家里已经吃过了。"

（3）实现欲望。孩子产生了某种强烈欲望，内心极度希望这种欲望能够被满足，他们可能会利用撒谎来达成目的。比如，他不想去补习班时，他会撒谎说："我肚子很痛。"又如，他想多要点零花钱，他会说："超市的 ×× 涨价了。"当孩子的某种欲望不被父母认可时，他们会企图用假话来蒙蔽父母，使自己的欲望得到满足。

（4）模仿大人。在电影或电视中我们时常看到这样一组镜头，即孩子气愤地说："你说谎，你说谎，我不相信你！"当孩子发现父母数次说谎而失望地发出这种歇斯底里的喊声时，这确实是一种悲剧。孩子认为父母会说谎，当然就再也不会听信父母——即使父母这次没有说谎，父母说的是大实话。

孩子发现父母说谎后之所以感到如此失望和愤恨，是因为做父母的总是教育自己的孩子不要说谎。说谎是一种不道德或不好的行为。不少孩子曾为说谎挨过父母的骂，甚至责打。既然父母要求和教育孩子不要说谎，那么他们自己又为什么要说谎呢？这是因为有时孩子经常缠住父母要这要那，吵闹不休，父母为了安抚孩子，不得已只得用谎话来哄骗他，以换取一时的安静。

日本有一本关于儿童教育的书里曾举了一个很生动的例子：作者有一次在长途客车上看见一个5岁的孩子吵嚷着："我的香蕉！"

孩子的母亲怕打扰了周围的乘客就说："香蕉没有了呀！"

她原想这样可以把孩子哄住，哪知孩子早看到了行李架上的香蕉，坚持嚷道："有！有！"

孩子的母亲没有办法只得起身在行李架上拿了一根香蕉说："吵死了！给你一根，再不准吵了！"在我们的日常生活中，常有这种时候——孩子无理的要求使父母无法招架，为了暂时安抚孩子，就说"没有那种东西了"或"你要的没有了"。孩子有时虽然暂时安静了，哄住了，不吵了，但是后果却是危险的。那就是一旦孩子发现父母说的是假的，父母在说谎，父母在孩子的心目中就会失去威信，孩子就会越来越不听话，甚至变本加厉地说谎。

因此，为了正确地教育孩子，当孩子提出他的要求时，妈妈如果认为孩子的要求不当，应该据理说服，指出孩子要求的不当之处。比如，告诉他车上这么多乘客，在行李架上取香蕉很不方便，会打扰别人；或者讲清刚刚才吃过点心和香蕉，现在又吃，会对肠胃不好，待会儿回到家里再吃。这样说清道理，孩子可能也就不会再吵着要香蕉了。

反之，如果你未说清道理，孩子不懂得自己的要求是错误的，就只知道吵着要，而且认为只要吵闹父母就会答应，以后就容易胡闹。

另外，父母如果以哄骗或说谎来拒绝、搪塞孩子的要求，反而会使孩子和父母永远无法沟通。一般来说，父母往往不愿在他人面前纠正孩子的行动，只想安抚一下，哄住孩子了事。这是不对的。为了不让孩子养成不良的习惯，无论是否有外人在旁，无论在什么场合都应该及时纠正孩子的无理要求。

当然，要孩子明了事理确非易事，有时是需要满足孩子的要求的。就以上面所举的吃香蕉为例，父母就只能说："在客车上取香蕉不方便，待会儿到了家我们再吃。"

这样，孩子既可以知道父母为什么不接受自己的要求，同时也可以学会控制自己以及与他人和睦相处的方法。

与说谎相近的是父母对孩子做出虚假的承诺，开"空头支票"。开"空头支票"也是父母在非常情况下用来哄骗孩子的一种手法。

父母被迫说谎是因为父母无法摆脱孩子的无理要求和吵闹。那么，父母开"空头支票"则常是由于父母对孩子的合理要求无法满足，被迫采用哄骗的手段。我们日常生活中常见的，如父母要孩子做功课，孩子顽皮，不愿做功课。母亲想起儿子曾几次吵着要去动物园，便说："你好好学习，好好做功课，礼拜天我带你到动物园去看动物。"孩子认真做了功课，可是到礼拜天母亲又不带他去动物园了。

类似的例子有"你听话，妈明天给你买玩具。"儿子听话了，第二天母亲变卦了，不给他买新玩具。父母虽然用"空头支票"哄住了孩子，孩子满足了父母的要求，但是当诺言应兑现时，父母又食言，不履行，这样一两次还可能哄住孩子听话，第三次、第四次再作许诺，要孩子做什么事时，孩子不但可能不听，而且会说："我不听，我不信你的假话！"

总之，父母要做好孩子的榜样，孩子就会不自觉地效仿父母的言行，因而要求孩子不要做的事情，父母首先就不能做。另外，父母对孩子从小就要讲信用，答应了的事一定要兑现，不答应的事就一定不去做。只有这样做，父母在孩子的心目中才会有威信，在以后培养孩子的过程中，才能对孩子进行有效的教育。

你批评时的样子，决定孩子的回应方式

最近一段时间，泽熙很不对劲。为什么说他不对劲呢？

因为以前很黏妈妈的他，不仅不黏着妈妈了，还故意躲着她。如果妈妈在客厅看电视，泽熙就回卧室里当"小宅男"，等到妈妈去了厨房或者回到卧室，泽熙才会来到客厅。心思细腻的爸爸发现了泽熙异常的行为，他很是纳闷。这对曾经亲密无间的母子之间，到底发生了什么事情呢？

某天晚上睡觉时，泽熙爸悄悄问泽熙妈："老婆大人，你哪里得罪咱家娃了？"

"我没得罪他啊！"泽熙妈努力回忆，仍然不知所以，说话时一脸茫然。

虽然没有得到答案，但泽熙爸觉得，这样下去也不行啊，毕竟家和才能万事兴嘛！于是，第二天趁妈妈出门买菜，泽熙爸将泽熙叫到跟前，耐心诱导、悉心询问才知道，事情原来是这个样子的。

泽熙从小就被父母送去学架子鼓，是班里的"打鼓小王子"，校园文艺会演即将来临之际，泽熙和两个同样爱好架子鼓的同学被老师安排为全校师生表演节目。那天，大家排练的时候，有一位小伙伴心不在焉，老是出错，泽熙出于集体荣誉的考虑，就说了对方几句。没想到，那天那位小伙伴的脾气也很大，一言不合就跟泽熙吵了起来。最后，两个人索性放下鼓槌，比试起了"跆拳道"。

结果还用说吗？泽熙和小伙伴双双被叫了家长，两个孩子也知道错了，相互道歉，握手言和。可是，泽熙妈妈过来的时候，不闻不问不了解情况，上来就对儿子一顿责骂："你个熊孩子，怎么就这么不省心呢！在家招猫逗狗，在学校还跟人动手打架，你以为你是谁，想打谁就打谁？"

回想起泽熙在家中的种种顽皮，泽熙妈妈越想越气，要不是老师劝着拉着，她都想当众揍泽熙一顿。

泽熙非常气愤地对爸爸说："妈妈太讨厌了！当着那么多人的面批评我，要不是老师拦着，她还想对我当众体罚。我不要面子的吗？我不会原谅她的！"

泽熙与人打架，这肯定是不对的，但泽熙妈妈不问缘由当众责骂，肯定也是不妥的，这轻而易举就激起了泽熙的逆反心理与反抗意识，母子感情因此大受影响。

对泽熙妈妈而言，这也许只是一件微不足道的小事，转眼就被她忘到九霄云外了，但对孩子来说，这很可能是刻骨铭心的，他在很长的一段时间里都可能忘不掉这段痛苦的、耻辱的回忆。

这是很多父母的通病，他们总是觉得小屁孩儿什么都不懂，因而在教育孩子时完全不考虑孩子的尊严问题。事实上，孩子往往比大人简单、敏感得多，他们对尊严的需求一点也不比大人少，父母口不择言无所顾忌的斥责与批评，无疑会伤害孩子稚嫩的心灵。

其实，同一句话在不同的场景、选择不同的方式，就会有不一样的效果。高情商的妈妈在批评熊孩子时，一定会注重自己的表达方式，不会让不过脑的言辞成为摧毁亲子关系的重磅炸弹。

（1）高情商的妈妈首先会肯定孩子们的人格。做父母的一般常认为孩子小，尚未成人，谈不上什么个人的人格。这是一个严重的错误。孩子是有其自身的人格和自尊心的。只有承认他们的人格，并且尊重他们的人格，批评才会为孩子所接受。否则，孩子不会听父母的话。

（2）高情商的妈妈会让孩子明白自己为什么被批评，错在哪里。如果孩子明白了自己的错误，而且有所醒悟，就可不必再追究。因为父母批评的目的也就是要让孩子知道、认识自己的错误，否则一味地批评只会伤害孩子的自尊心，激起他们的反抗心理，反而会收到相反的效果。

（3）高情商的妈妈一定能够做到对事不对人。孩子犯了错，我们切记应明确指出他的错误，并针对他的错误进行深入分析，让他知道错在什么地方，以及错误的严重性，而不是简单粗暴地定义：你是个坏孩子。

也许很多家长都不知道"标签效应"，这是一个对孩子成长影响极大的教育行为。通俗来说，就是你给孩子贴上什么标签，孩子就越容易朝着标签的方向发展。换言之，你说他是个好孩子，他成为好孩子的概率就更大；你说他是坏孩子，他往往就会如你所言。因此，批评孩子时，如何措辞，你一定要注意!

举个例子:孩子把墨水泼到了地板上。

错误的批评方式:"你这孩子太坏了!简直就是个混蛋!你没心没肺吗?累死我你很开心是不是?"

正确的批评方式:"你把墨水泼到地板上,破坏了家里的卫生,你又无法自己处理,一会儿妈妈收拾卫生多累啊?你必须帮妈妈一起处理,知道吗?"

后一种方式不会给孩子定性,不会伤及孩子的自尊,孩子也知道自己的错误造成了什么后果,并得到相应的惩罚,这才是我们教育的目的。

(4)高情商的妈妈一定能够准确把握孩子的个性,因人施教。世上没有两片完全相同的树叶,也没有两个完全一样的孩子。有些孩子天性敏感,话稍微说重一点,内心就感觉无法承受;有的孩子则粗枝大叶,父母不小心把话说重了、说错了,他也不放在心上,可能当时很生气,过一会儿就忘了。

对此,父母需要有一个准确的把握,对于那些天性敏感、内心脆弱的孩子,批评时一定不要使用侮辱性措辞,一定不要说"你真是个废物""你要脸吗""我真后悔生下你"等情绪化极重的语言。

而对于那些大大咧咧的孩子,批评过后可以给一点严厉的惩罚,使他印象深刻。

(5)告诫孩子错误不要重犯。父母可以把自己的想法和正确的做法告诉孩子,由孩子自己决定一些原则,具体的做法还可因人、因地而异。总而言之，应该了解孩子的心理，理解孩子的心情，弄清事情的原委，对孩子的过失不夸大，也不掩饰。

总之，批评孩子时，我们应该冷静而且客观，不使用偏激的语言，字字句句都说在一个"理"字上，要使孩子感到亲切，感到妈妈是讲道理的，目的是教育自己学好，教育自己做事做人，完全是为了自己好。只有这样，他们才乐于接受批评，绝不能使孩子感到委屈，感到冤枉，或者感到妈妈蛮不讲理。

如果你真的"蛮不讲理"了，当你察觉到自己的错误时，一定记得要跟孩子认错、道歉，这样才能培养出具备同理心的孩子。

实际上，在陪孩子成长的过程中，不仅孩子会犯错，父母也难免会犯错，这时给孩子做个榜样，会收获比批评更好的效果。

温和一点，孩子反而并不难管

轩轩是个非常顽皮的男孩。每天放学后，他最不喜欢做的事情就是做作业，最喜欢做的事情就是把书包一扔，跑出去疯玩。为此，妈妈总是训斥他，有时还打骂他，可他就是不听话。有时，在妈妈的强迫下轩轩能勉强坐下来写作业，可是一点也不专心，而且做得马马虎虎，字写得龙飞凤舞、丢三落四、错漏百出，妈妈都快气出心脏病了，却拿他一点办法也没有。

有一天，轩轩的姑姑到他家来，正好看到嫂子因为学习问题在吼轩轩，可轩轩倔强极了，任妈妈喊破喉咙，他就是一言不发，想干什么干什么，气得妈妈直想抢起小皮鞭抽他。

姑姑见此情景，忙对轩轩妈说："嫂子，要不然，让我和他谈谈。"

轩轩的姑姑是位小学教师，在教育孩子方面颇有心得。她把轩轩带到他的房间里，摸着他的头问："轩轩，在外面玩得开心吗？"

轩轩回答："也不是特别开心。"

"那爸爸妈妈让你做作业，你为什么不做？"

"他们对我太凶了，总是骂我，我就是不做，故意气他们。"

"那你觉得完成作业再去玩好，还是玩过再做作业好呢？"

轩轩不说话了，姑姑又说："你是不是也觉得做完作业再去玩，心里没有压力，也不用听爸爸妈妈的责备，会玩得更开心？"

轩轩点点头。

"姑姑知道，轩轩是个懂事的孩子，聪明也爱学习，就是爸爸妈妈不催，你也会主动完成作业的，是不是？"

轩轩又点点头，走到书桌前，打开书包，开始做作业，而且特别认真。

轩轩妈妈由此认识到了自己以前的做法是错误的，是她粗暴的态度让孩子反感自己，越来越不听自己的话。从此以后，轩轩的父母改变了教育态度，不再严厉地责备他，而是以温和的态度对待他，轩轩变懂事了，成绩也有了很大的进步。

其实，孩子犯了错，他们并不拒绝父母的管教，很多时候，他们只是无法接受父母的教育方式。严厉的斥责只会让孩子感到委屈难过。而家长斥责孩子的话即使再有道理，再有深意，孩子也不会去反省什么，因为他的心已经被愤怒和不平占据了。

要让孩子改正错误，一顿严厉的斥责就够了，只不过相同的错误，孩子很可能以后还会再犯。要让孩子深刻认识到自己的错误，真正反省，妈妈就得运用点拨的手段，让孩子明白其中的道理，并自觉规范自己的行为。

教育学家建议，妈妈们应该用温和的态度，在与孩子的探讨中启发孩子、点拨孩子。

（1）温和的态度能让孩子不惧怕交流。妈妈以温和的态度对待孩子，孩子在面对妈妈时就不会因为害怕而紧张、恐惧，也不会因为反感妈妈的训斥而产生对抗甚至仇视的心理。孩子会用一种平静的心情和妈妈交流，会认真听取妈妈的意见，也只有在这种基础上，点拨才能发挥效用。

（2）温和的态度能鼓励孩子说出真正的想法。当妈妈以温和的态度对待孩子，与孩子平等地交流时，孩子觉得自己受到了妈妈的尊重，而妈妈的眼神、鼓励的话语，也会让孩子产生倾诉的欲望，使孩子会把自己内心的想法都告诉妈妈。

（3）温和的态度能拉近亲子距离。态度体现了一个人的修养，即使是父母在与孩子沟通时也不可忽视这个问题。温和的态度是一个人良好修养的体现。温柔的眼神、微笑的表情拉近了与孩子的距离，使孩子乐于亲近父母。

其实，家长们应该想到，既然想点拨孩子，就得让孩子先接受自己，实现良好的亲子沟通，这样孩子才能接受你的想法。另外，点拨就是让孩子自觉产生正确的想法，这需要家长的诱导而不是灌输。

父母以温和的态度来对待孩子，是对孩子的尊重，也是高明的教育方法。家长只有掌握了这一点，才能成功实现与孩子的良好沟通。

被熊孩子排斥了，试试非语言沟通

雯雯放学回家以后，妈妈发现她的铅笔盒里多了一块崭新的橡皮。这块橡皮为什么会出现在这里？雯雯在学校究竟做了什么？带着满脑子的猜测，雯雯妈开始询问雯雯。

雯雯慢悠悠地回答："橡皮是和后桌楠楠换的。"

可是，雯雯原本的那块橡皮已经被她用得又小又丑，楠楠为什么要跟她换呢？雯雯妈忙问："楠楠是自愿的，还是被迫的？"

雯雯这时明显已经有些不高兴了，口气挺不耐烦地表示："楠楠觉得我那块橡皮擦得又快又干净，是她主动找我换的。"

雯雯妈听后一脸的不可置信，眼神中带着深深的怀疑，像看坏孩子一样审视着雯雯。

看到妈妈的表情，雯雯眼睛都红了，把橡皮往地下一扔，哭着跑回了自己的房间，将自己锁在里面。

雯雯妈也很生气："你这熊孩子，怎么这么大臭脾气，我就问几句，怎么了？你要不开门，今晚就别吃饭！"

"不吃就不吃！"母子俩这就僵持上了。

大家想一想，为什么雯雯反应会这么强烈呢？因为她感受到了来自妈妈浓烈的负面心理暗示。雯雯妈虽然没有说出自己想说的话，但雯雯显然已经知道了她心里的想法，这让她感觉自己的人格受到了侮辱，进而对妈妈进行了抗议。

在心理学上，这种"暗示效应"被称为非语言沟通。非语言沟通是指通过身体动作、表情、情绪和态度等除语言之外的方式与人交流，它的表现形式较为含蓄、抽象，带有诱导的意味，目的是用间接、暗示的方法对他人心理和行为造成影响，从而使被诱导者按照自己期望的目标做出相应的反应。

对于敏感、善于观察的孩子来说，父母的非语言沟通往往更能收到教育的奇效。当然，如果把握不好，也可能引起教育的惨败。比如，雯雯妈妈的惨痛教训。

按照对孩子要多赏识鼓励、少批评打击的原则，我们有必要重新认识一下在儿童教育中的非语言沟通。

小纲是个小捣蛋鬼，前段时间因为买不买玩具一事，和妈妈闹得面红耳赤，于是他便耍起牛脾气，坚决不和妈妈说话，这令小纲妈妈又气又急。要知道，孩子拒绝和大人说话，是因为在他小小的心灵里，对大人产生了记恨，只有通过有效沟通，才能解开他心中的疙瘩。可是，小纲就是不肯说话，那这个疙瘩岂不是越结越大？

好在，小纲做教师工作的小姨及时给姐姐提供了一个好建议。她说："既然孩子不肯说话，那你可以试着用非语言的方式和他沟通啊。比如，在他静心写作业时给他一个坚定的、鼓励的眼神；在他受到老师表扬以后，回家给他一个微笑的肯定，一个赞许的拥抱。这种主动示好的方式会慢慢拉近孩子和你的距离，到时候，孩子心中的疙瘩自然而然就解开了。"

小纲妈将信将疑，心说："你主动跟他说话他都爱搭不理，你对他卖笑，他就能雪融冰消？"不过抱着死马当活马医的态度，小纲妈妈还是决定试一试。

一开始，小纲对妈妈的主动示好仍然十分抗拒，甚至觉得妈妈有些怪异，这令小纲妈很是灰心丧气，但为了修补自己与孩子的关系，小纲妈一咬牙，还是决定"厚着脸皮"坚持下去。慢慢地，小纲感受到了妈妈的用心良苦和满满爱意，只是他有些不好意思跟妈妈主动认错。一天，小纲单元测评又拿了一个 100 分，在妈妈赞许的眼神下，小纲终于鼓起勇气，回馈给妈妈一个久违的拥抱。

这就是非语言沟通的奇效，它可以避免言语间的冲突和尴尬，使亲子双方通过委婉的方式，放下自己的面子，化解矛盾于无形。有时，一个眼神、一个微笑、一个亲吻、摸一下小脸、擦一下眼泪、拍一下肩膀、打一下小屁股……就能消除亲子矛盾，和谐亲子关系，安抚孩子的情绪，滋润孩子的心灵，起到事半功倍的亲子沟通效果，家长们又何乐而不为呢？

当然，非语言沟通的运用绝不仅仅是为了修补亲子关系。在家庭教育中，非语言沟通可以理解为，当语言沟通效果不好时，不直接告诉孩子应该做什么、应该怎么做，而是使用身体语言暗示，让孩子自行领会父母的心意。相对于直接下令而言，这样会给孩子创设一个思考、领悟的过程，使孩子的印象更深刻。

不过，使用非语言沟通，也有它的注意事项。

第一，精准接收孩子的非语言信息。其实，孩子也很喜欢并且经常使用非语言方式与我们进行沟通。只是，他们的热情表达常常被我们的粗心冷漠所忽略。

想想孩子小时候，他的一举一动都躲不过我们的眼睛，生怕孩子有什么不对劲的地方。倘若孩子精神萎靡、不爱吃饭或者神色不对，我们一定会去推测，或者直接检查孩子的身体，寻找他们肢体、表情反馈出来的答案，那份细心与耐心无与伦比。

　　然而，孩子长大以后，我们除了关心他的成绩，似乎对孩子的内心世界不感兴趣了。其实，孩子越大，他们无法用语言表述的思想和感情就会越多。有时候，因为性格原因，或是出于自尊，又或因为其他一些原因，孩子并不想将自己的想法直接说出来，这时，他们往往会给父母一些暗示，如果你不注意接收，孩子必然失望至极，同时，你也无法体察他的内心和情绪。

　　其实，只要我们足够爱孩子，有足够的细心和耐心，做到这一点并不难，毕竟他们小时候，我们曾经做到过。

　　第二，一定要注意孩子给予我们的反馈。我们使用非语言沟通的初衷是为了使亲子沟通更加深入、更加有效，因而在与孩子进行非语言沟通时，一定要注意观察、认真辨别孩子的反馈信息。如果孩子的反馈并不好，或是明显抗拒，我们就需要及时停止这种交流；如果孩子的反馈很好，非常乐意接纳，那我们不妨多使用一些。

　　总之，使用非语言沟通要以孩子的反馈为风向标，要注意方式方法，要分清场合，选准时机，不要随意乱用。

　　第三，要使用积极的非语言沟通。使用非语言沟通的目的是融洽亲子关系，以润物无声的方式达到教育孩子的目的，必要的情况下，我们可以表现出严厉，但一定不要使用伤害性、侮辱性的肢体语言。

　　我们应该经常这样做：

　　（1）给孩子亲切的眼神。眼睛是心灵的窗户，眼睛会说话。我们在看向孩子时，眼神中理应充满关爱、理解、支持和鼓励，透过温情的眼神，孩子们就能够感受到来自父母的爱，他们也会因此更愿意与父母亲近，也更愿意在善意的眼神下接受父母的指正。

（2）给孩子阳光般的微笑。微笑是一种最为常见的心情表达方式。它会给人一种亲切、友好的感觉，对人微笑会让人感到善意、理解和支持。

生活中的微笑太多了，但最特殊的还应该是父母的微笑，这是任何笑容都无法比拟的。它包含了父母对孩子无私的爱：受伤时，微笑会给孩子无限的关怀，抹去他心中的伤痛；脆弱时，微笑又能给孩子信念，使他坚强，让他信心百倍地面对挫折；成功时，微笑可以作为褒奖，给孩子鼓励；犯错时，微笑可以作为宽容，让孩子自醒。

微笑作为一种表示理解、鼓励、欣赏、友善的行动为人们所接受，那就让我们收起板起的面孔，慷慨地微笑吧！请记住，孩子需要你们的微笑，就像我们需要阳光、空气和水一样。

（3）给孩子温暖的拥抱。美国著名心理学家赫洛德·傅斯博士的研究发现，拥抱可以让人更年轻、更有活力，它还能让人们之间的关系更加亲密。经常与父母拥抱的孩子，心理素质明显高于与父母关系紧张的孩子。

拥抱是一种无言的力量，拥抱孩子可以让他在身心放松的同时感受到父母用肢体传递给自己力量，就像是你在对他说："宝贝儿，你一定能行！"在孩子受到压力时，这种潜藏在内心的力量就会推动他尽快地把压力给释放掉，轻装上阵，从容应对。聪明的家长应该考虑一下，尽量多地使用这种既廉价又效果显著的交流沟通方式。

（4）给孩子温柔的安抚。抚摸是孩子的一种心理情感需要，也是他们感受父母爱抚的一种非语言方式。家长可以通过抚摸孩子的手、脚、身体、头等部位向孩子无声地传达信息。

摸摸脑袋，孩子就能感受到对他的赞赏和鼓励。当孩子向你展示他的优异成绩时，你可以快速地摸一下他的脑袋，说："行呀，宝贝！"这要比干巴巴地说一句"做得真不错，继续努力呀！"要让孩子兴奋得多。当孩子情绪低落的时候，摸摸脑袋能让孩子体会到你的安慰，自己的情感获得了关注，孩子的心里会觉得比较舒坦，这要比苦口婆心地劝说有效得多。家长们要记住，不管是哪个年龄段的孩子，都喜欢被父母抚摸脑袋。

轻轻抚摸孩子的头发，表示对孩子的无限爱意。比如，妈妈帮助女儿梳理头发，并自然地抚摸一下，孩子会感受到妈妈传递过来的爱意，觉得非常愉悦。对处于困难中的孩子来说，家长可以用这种方式来表达自己的爱，并鼓励孩子战胜困难。

问不出孩子心里话，只能怪你没本事

媛媛是家里的独生女，从小娇生惯养。媛媛 16 岁那年，二孩政策开放，爸爸妈妈决定给她生个弟弟。妈妈怀孕之后脾气不怎么好，经常腰酸背痛，没有精力继续照顾媛媛的饮食起居，于是开始和爸爸商量让女儿住校，每周回家一次。

当然，这件事还要征询女儿的意见。

妈妈："妈妈要给你生弟弟了，没法照顾你，从下周开始，你去住校，有问题吗？"

媛媛："妈妈，我不想住校！"

妈妈："为什么？你能给我个理由吗？你班同学不也有住校的吗？别人可以为什么你就不可以？你比别人娇贵吗？你是不是不希望我给你生个弟弟？"

媛媛不说话了，红着眼睛，倔强地带着行囊住进校园。

媛媛刚刚住校那段时间，很是不习惯，她想和父母倾诉，可一想到妈妈那些声色俱厉的问话，就倔强地把难过藏在了心里。那段时期，同桌洋洋成了她无话不说的倾诉对象。

半年之后，妈妈的肚子越来越大，行动有些不方便，每次媛媛周末回家，妈妈支使她做什么，她都会很不耐烦地帮妈妈做，经常在家里和妈妈发生口角。爸爸妈妈都发现了媛媛的异常，但忙着为生二孩做准备，也就没有和女儿好好谈谈。

可是慢慢地，妈妈发现媛媛越来越爱打扮，每周回家都会和父母要钱买衣服，而且肚子越来越大，经常恶心，仔细一想，和自己孕初反应很相似。妈妈惊出一脑门子汗，忙将媛媛叫进房间询问。

原来，爸爸妈妈为了要二孩让媛媛住校的行为，在媛媛看来是在驱赶自己，妈妈那些强硬的问话，更让她觉得家里容不下自己。父爱母爱的缺失感在她心里蔓延，她越来越没有安全感，刚好同桌洋洋见她心情不佳，对她嘘寒问暖，两个人越走越近，很快就谈起了恋爱，并且偷尝了禁果。

媛媛妈妈对自己之前的行为后悔莫及，流着泪将女儿拥入怀中，但是错已铸成，无法挽回。

交流是为了更好地了解孩子，所以，让孩子多开口是要放在第一位的。通过多方式和多方位提问，父母不但能够了解更多的信息，还可以使提问的过程同时成为一个点拨式教导的过程，在与孩子的一问一答中，自然而然地达到了解的目的。

相比于说教式、指责式沟通，提问式沟通的优势在于它更容易引导孩子表达自己真实的想法，更有利于我们切实解决孩子身上的问题。

当然，提问也是需要技巧的。如果话不过脑，口不择言，胡乱发问，其结果往往也会适得其反。比如媛媛妈妈的问法，绝大多数孩子都是难以接受的。

　　提问方式不同，亲子沟通会被导向不同方向，而教育效果也千差万别。

　　一天，晓飞一怒之下和小伙伴干架了。

　　回家后，他额头通红，身上更是青青紫紫的。晓飞妈妈看了真是又心疼又气恼，但她还是强迫自己冷静下来，因为她知道，这是教育孩子的大好时机。做了一个深呼吸，晓飞妈妈开始了她的提问式教育法。

　　"可不可以告诉我，发生了什么事情？是不是很疼？"晓飞妈妈没有劈头盖脸先训斥他的错误，也没有气急败坏痛斥他又惹是生非。

　　"我们玩游戏的时候，明明要插队，我不同意，他就强行站到我前面，我生气推了他一下，他回头打了我一拳，我们俩就扭打起来了。"晓飞说这话时，小脸依旧气得通红。

　　"这件事确实是明明不对在先，但生气归生气，先动手也是你的不对。妈妈再问你，打架应该吗？打架就能把问题解决了吗？"晓飞妈妈诱导孩子进行深入思考，这样他才能够深刻领悟和认识自己的错误。

　　"自然是不应该，因为我们打架，游戏也被迫中断了，大家都很失望。"晓飞对小伙伴们有些愧疚。

　　"游戏中断了，随时可以重新开始，但你和明明的友谊若是中断的话，想重新开始可就没有那么容易了。妈妈不知道明明被打成什么样，不知道这次打架会不会影响你们的友谊，你有没有想过，这件事该怎么处理？"晓飞妈妈问出了关键问题。孩子犯错，我们不仅要让他认识到错误，更要让他在错误中学到东西。

"这……其实没什么啦，明天我给他道个歉，我们就会握手言和，明明也不是小气的人。"晓飞倒是很洒脱。其实，孩子的世界比我们简单、干脆得多，很多问题是我们成人小题大做了。

很显然，这是一次轻松的、成功的家庭教育，但如果晓飞妈妈揪着错误不放，对孩子严厉责骂，那么结果就大不一样了。当孩子犯错时，我们经常使用提问引导，会使亲子沟通变得更加容易，也能更好地帮助孩子解决问题。

儿童心理学家为我们总结了以下几种比较实用的提问方式，妈妈们不妨参考一下。

（1）敲门砖式提问。这种提问方式主要是为了引起孩子的叙述。比如："你的观点是……"然后，停下来等孩子说。它的特点是，你问孩子一句话，就够他说好长时间了，你需要的信息也就反馈回来了。

像这样的提问还有："那你觉得……""你感觉……""你以为……""你认为……""后来呢？""到底是怎么回事？""你是怎么想的？""你还有什么意见？"，等等。

（2）体贴式提问。比如，孩子说他很烦，并说了一大堆对朋友和学校不满意的话。那你可以这样问他："同学们为什么不理你？""你学习有什么困难？""你希望妈妈怎么帮助你？""你还有什么要求？"

（3）重点式提问。对谈话中的重要部分提出疑问："你说根本没有希望了是什么意思？""你真的要放弃比赛吗？""你是什么时候发现开始出现这种情况的？"

（4）重复式提问。当孩子对你说了许多事情和他的想法之后，你可以说："你看我理解得对不对？""你觉得是不是这么回事？"这主要是为了确认，同时传递理解和关怀，理清谈话的内容。

（5）选择式提问。"要独立完成呢？还是让老师再给你找个搭档？""你看是自己复习呢？还是让表姐帮你复习呢？""这件事情你是自己向老师讲呢？还是妈妈去和老师说？""你是因为他不帮助你而生气？还是因为自己没有做好而自责？"

这样问话的好处是，你已经把孩子回答的答案圈定了，孩子大多会从中选择一个，不会给出否定的回答。

（6）封闭式提问。为了快速启发孩子，达到教育目的，就要学会提问封闭性的问题。比如问："这样做行不行？"孩子就会对你提出的建议和看法表示明确的赞成或反对。诸如"可以吗？""是不是？""行不行？"这类的问话都属于封闭性的问题。封闭性问题在有足够说服把握的时候非常有用。谈到一定程度，你觉得孩子会说"是""好""可以"时，及时提出这样的问题，他的思路就会被引到你的观点上来，并自觉地按照你的意愿做。这个时候要注意，如果孩子不是口服心服，结果并不会理想，还会有隐患存在。

家长们需要注意，提问是为了点拨孩子，而不是斥责孩子。因此，不要提一些尖锐的、让孩子感到难堪的问题。你的问题应该是温和而又能够引导孩子思考的。

同时我们还要注意，是和孩子谈话，不是对孩子训话，重点在思想交流。孩子常常渴望表达自己内心的感受，希望父母重视和理解自己，所以爸爸妈妈应该主动引导孩子说出他的心里话，听了孩子的话后，应及时反馈，使孩子觉得"我被理解了"。

Chapter 4

用熊孩子的奇怪逻辑，
化解熊孩子的莫名情绪

任何一个人做任何一个行为，在他自己看来都有绝对的理由。

熊孩子的行为在他自己看来，总有他自己的理由，只不过在我们看来是不对的，或者说是不成立的。一旦我们认为"不对"，我们习惯用自己的方式去强力压制，以为说一不二地制止，给孩子施压，他们就会印象深刻，就会知错改错。事实上，不是这样的。

如果孩子觉得有理由这样做，却被凶悍指责，委屈的情绪上来了，全盘不接受也是可能的。

孩子的怪异行为，藏着不为人知的深意

娇娇原本是个聪明乖巧的小女孩，可现在她变了，变得不可理喻。

以前，娇娇非常懂事，自理能力也不错，还经常帮妈妈做一些力所能及的家务。可自从妈妈为她生下弟弟以后，那个懂事、自立的小丫头不见了。娇娇现在非常黏妈妈，芝麻一点儿的小事也要妈妈帮着做，尤其是妈妈忙着照顾弟弟的时候，娇娇的事情就多得出奇。

周末，妈妈推着弟弟、带着娇娇去家附近的森林公园散步。走了一大圈儿，回来时推着婴儿车的妈妈已经很累了，可这时娇娇却撒娇道："妈妈，我很累，我要你抱抱我。"

妈妈这时可真是心有余力不足，只好耐心地跟娇娇解释："乖女儿，妈妈现在要推弟弟，没办法抱你。你看这样好不好？你和妈妈一起走回去，回家以后妈妈抱你举高高。"

然而，娇娇说什么也不接受妈妈的恳求，哭哭唧唧地发脾气。妈妈的耐心终于被磨没了，厉声吼道："你这个熊孩子现在怎么这样不懂事！你再这样任性，信不信我揍你！"

这句话可算点燃了炸药桶，8 岁的娇娇顿时号啕大哭，索性倒在地上撒泼打滚起来。最后，还是娇娇爸爸匆匆赶来，哄

了又哄，才将娇娇抱回家中。

几天后，妈妈正在喂弟弟吃鸡蛋羹，当然，妈妈也没有厚此薄彼，她给娇娇准备了她最爱吃的小点心，然后才去忙乎需要照顾的小儿子。结果，才喂两口，娇娇就跑了过来，嘟着嘴说："妈妈，我不想吃小点心，我也要吃鸡蛋羹！"

其实，娇娇一点也不爱吃鸡蛋羹，这几乎是她最不喜欢的食物，所以妈妈就没有为她准备。娇娇提出这个怪异的要求，妈妈只能无奈地和她商量："妈妈这次就蒸了一个，要不你先吃块饼干，妈妈喂完弟弟再给你蒸。"

可是，娇娇一刻也等不及了，嘟着嘴说："我不想吃饼干，我就要吃鸡蛋羹，我现在就要吃！"说着，竟然伸手去抢妈妈手中的碗。这可把妈妈气坏了，直接在她手上拍打了一下，然后，娇娇又开始撒泼打滚。

妈妈也不知道娇娇为什么会变成这样，她用了很多方法，希望女儿能够乖巧懂事，但效果非常糟糕，心力憔悴的妈妈对女儿也越来越不满了。

娇娇妈妈教育的失败在于，她没有真正读懂孩子的心。娇娇是真的不懂事吗？并不是，她只是在弟弟出生以后，幼稚而又敏感的心灵感觉受到了父母的冷落与忽视，她这个年龄，还无法做到真正体谅和理解父母，她内心有一个声音在告诉自己：我要把爸爸妈妈的爱抢回来！她的"无理取闹"，事实上只是为了引起爸爸妈妈的更多重视，获得更多的关爱和关注。

然而，娇娇妈妈没能理解娇娇的诉求，没有及时为孩子解开心中的疙瘩，这使得家庭教育逐渐出现了偏差。

其实，很多家长都是这样，在没有了解孩子内心的真实想法之前，就按照自己的想法、论断对孩子大加评论和指教，结果曲解了孩子的意思。那么，孩子会觉得多么委屈啊！

教育子女，一定要读懂孩子的心声。

一天，吃完午饭，一家人坐在沙发上喝茶看电视，佳宜忽然皱着眉头说："爸爸妈妈，我们班来了一个新同学，名叫若丹。"妈妈眼睛盯在电视上，对女儿的话并没有太在意，随口说道："是吗？可能她家刚从外地搬来，转学也是正常现象。"

佳宜又说："若丹的运动鞋是新出的款式，特别好看。"

妈妈皱起了眉头："小孩子不比学习成绩，怎么比上吃穿了？"

佳宜不作声了，撅着嘴坐到一边。爸爸看到女儿神色不对，就问她："若丹来到你们班里多长时间了，你和她关系好吗？"

佳宜这才说出心里话。原来，在班上，佳宜和敏敏是最好的朋友，现在若丹来了，敏敏天天和若丹在一起玩，佳宜认为自己受到了冷落，心里很难过。

知道了女儿的真正心事，爸爸开解道："你们现在还小，好朋友就那么有限的几个，其实等以后上中学、上大学、参加工作，不知道要认识多少人，有多少朋友呢！敏敏愿意结识新朋友是一种好现象。再说，她也不是认识了若丹就不和你玩了，对不对？大家在一起玩才快乐嘛！你可以让若丹给你讲讲她原来学校的趣事，你也可以领她到校园里走一走，这样不是更好吗？"

佳宜听了，觉得很有道理，心情也好多了。

因为对自己所想的事情把握不了，担心遭到父母的取笑或者斥责，有些孩子并不总是把自己的意思表述得清清楚楚，他们也许会采用另一种表达方式向父母暗示。

而一些孩子妈妈实在粗心，她们在孩子表达内心想法时，总是抓不住重点，她们的粗枝大叶，很可能会给亲子关系带来难以估量的负面作用，孩子会因此而不愿意与妈妈沟通，有的孩子的性格甚至会变得孤僻。

因此，在孩子对你说话时，妈妈们一定要耐心、细心，读懂孩子的"潜台词"，要注意那些孩子没有明说出来的事情，这是我们教育孩子的关键切入点。

诚然，我们无须成为完美的父母，我们也无法成为完美的父母，但我们必须认真倾听孩子的表达；我们无须对孩子了如指掌，我们也无法对孩子了如指掌，但我们必须努力去读懂孩子。只有读懂孩子，我们才能感同身受，了解他们为什么不安、纠结、失望、任性、胡闹、暴躁，然后才能对症下药，给予他们恰当的教育和陪伴。

那么，妈妈们怎样才能读懂孩子呢？其实也很简单——我们要引导孩子表达出自己的真实想法与感受。

其实，孩子们的觉察能力很强，但他们的语言组织和解释能力往往很差，这也是很多妈妈习惯性忽视孩子真实感受的直接原因，她们往往认为"孩子还小，什么都不懂"，因而对孩子缺乏积极有效的引导，硬是将孩子到了嘴边的想法，又给塞了回去。

因为孩子的性格各异，所以引导方法也要因人而异，但基本要素则是相同的。

（1）轻松氛围。教育孩子时最怕声色俱厉，如果我们每天对孩子板着脸，毫无亲近感，除了批评，就是责罚，那么，别说孩子向你倾诉心事，他愿意与你说话，就很不错了。

引导孩子说出内心真实的想法，首先要给他营造一个轻松、亲切的倾诉氛围，消除孩子的恐惧心和距离感，他们才更愿意与你进行交流。

（2）耐心等待。有的家长在与孩子交流时，孩子回馈慢一点儿，他们的暴脾气就上来了，不断催促甚至恶语相加。在这种情况下，孩子的思路被打断，而且孩子好不容易鼓起的倾诉勇气也会消失殆尽。

家长想要引导孩子说出内心的真实想法，就要给孩子足够的考虑和组织语言的时间，不急躁、不催促、不叫喊，尊重孩子的意愿。

（3）认真观察。关注孩子言语、表情、肢体动作的细节，注意孩子的细微反应，观察孩子开口之前的情绪状态，通过微表情、微动作、微反应，推断孩子的心理活动。

（4）洗耳恭听。如果妈妈态度敷衍，孩子一定会欲言又止。想要引导孩子表达出内心真实的想法，家长就要表现出愿意倾听的意愿和态度，不要总是打断孩子的诉说，更不要在孩子诉说时手眼不离手机，或是忙于其他事情。

孩子无理取闹，说明他有情绪要宣泄

赵女士是典型的职场"白骨精"，她将自己绝大多数的时间和精力都献给了职场，因而忽略了对家的关照。

赵女士的儿子奇奇今年 6 岁，性格很是乖张，非常容易闹情绪。

一天，赵女士难得休息，便约了两个姐妹出去逛街，奇奇也被她带在身旁。

一路上，赵女士与朋友谈笑风生，开怀畅聊，却极少跟奇奇说话。当一行人路过一家玩具屋时，奇奇突然站定不动，指着玩具屋橱窗展示的大号变形金刚叫道："妈妈，我要那个变形金刚，你给我买！"

赵女士瞟了一眼，果断拒绝："不可以！"

"为什么不可以？"奇奇瞬间变色，声音尖锐。

"你已经有很多变形金刚了，你的小卧室里到处都是变形金刚，不可以再买了。而且，这个变形金刚这么大，带着它，我们还怎么继续逛街呢？"赵女士对奇奇晓之以理。

然而，不管赵女士怎么说，奇奇根本不听，他撕心裂肺、捶胸顿足："我不管！我就要！必须买！我不管！我就要！必须买！"

奇奇的嘶吼吸引了很多路人前来"吃瓜"，赵女士觉得尴尬极了，愤怒的小火苗一点点在心中升腾，但她还是强忍怒气，拉起奇奇的小手，想要将奇奇带离"事发现场"。结果，奇奇使出牛劲儿全力抵抗，最后索性躺在地上打起滚来。没有办法，赵女士为了不在大庭广众之下继续丢人，只好答应奇奇给他买，结果奇奇又不要了，撒起泼来没完没了。赵女士气得双目赤红，忍耐已经到了极限。

就在赵女士即将发作之时，身旁的友人拽了拽她的衣袖，低声说："我觉得奇奇并不是真的想要变形金刚，他可能是看到咱们只顾着说话，没有关注他，想借此引起你的关注。"

赵女士愣了一下，朋友的话提醒了她，她确实忽视了孩子的感受。做了一下深呼吸，赵女士上前抱着奇奇，抚摸着他的头发，轻声细语安抚他的情绪。等到奇奇安静下来以后，赵女士和朋友道了歉，又道了别，接下来专门陪奇奇一个人玩耍。回家的途中，路过冷饮店，奇奇想进去吃冰淇淋，因为奇奇最近肠胃不好，赵女士再次拒绝了。然而，这次奇奇很乖巧地听从了妈妈的决定。

孩子的喜、怒、哀、乐等情绪体验是毫无掩饰的，他们敢爱、敢恨、敢说、敢笑，这是孩子心理的一种优势，一种使得孩子能及时宣泄各种情绪能量的优势，他们自然流露这些情绪并不是什么可耻的事情。事实上，由于心理状态的不成熟，当孩子有想法或是愿望得不到满足时，他们往往就会通过发脾气、无理取闹等方式宣泄情绪，并企图以此吸引大人的关注，"逼"父母满足自己的愿望。

其实，小孩子闹闹情绪，发发脾气，只要不扰乱他人的正常学习与生活，不伤及他人，就没有对和错之分，并且父母应该允许孩子情绪宣泄。父母只有细心地观察孩子，理解孩子，允许孩子自由地表现，在理解的基础上进行引导，才能保证孩子的健康成长。

（1）允许孩子有情绪，并合理宣泄情绪。如果孩子为某事正在气头上，要允许他宣泄情绪。妈妈不妨先坐下，安静地等待孩子，安静地看着孩子，不去打断他的情绪，全神贯注地关注孩子，这等于告诉孩子：你是被我在意的，我在认真地注意你的感受或问题。给孩子宣泄情绪的权利，有助于孩子宣泄心理能量，这也是对孩子关爱的表达。

（2）父母的教育态度要一致。当孩子闹情绪时，千万不要在成人中间形成几派，有人不理睬，有人去哄劝，有人离孩子而去，还有人跑到孩子面前讨好，更不要当着孩子面争论。成人彼此之间一定要沟通好，一旦孩子情绪发作，全家人要采取一致的态度，否则他就会更加哭闹不止。

（3）及早发现孩子闹情绪的苗头。发现孩子闹情绪的苗头后，妈妈要鼓励孩子把心中的不快倾吐出来。一旦发现孩子的情绪有导向发怒的可能，父母应立即提醒他，并搞清哪些事情正在困扰着孩子，向孩子提供一定的帮助。

（4）转移孩子的注意力与松弛训练。在孩子生气时，妈妈除了表示对他理解与关怀外，还要尽量转移他的注意力，引导他做些高兴的事情，对大一些的孩子可通过各种体育活动来达到其精神与身体的放松，如有规律的深呼吸也有助于孩子身心松弛。

（5）让孩子有适当发泄的机会。假如孩子的坏脾气已经形成了，可以先采取冷处理方式，在其发脾气时故意忽视不理，让他慢慢冷静下来。然后，孩子可以选择适当的方式将情绪发泄出来，如通过交谈帮助孩子把怒气宣泄出来，或者让孩子去跑步，或去大声地唱歌，等等。

（6）满足孩子的生理与心理需要。孩子处于饥饿与疲劳状态时，易发脾气。这一点父母都很清楚，但对孩子心理需要却重视不够。孩子也有他的心理需求，父母对此能否正确对待，对孩子是否闹情绪有很大影响。除此之外，我们还要培养孩子广泛的兴趣与爱好，在不影响孩子学习的前提下，可培养孩子学习绘画、下棋、弹琴等，以逐步培养孩子豁达的性格。

惩罚不能阻止不良行为。当孩子遭受惩罚时，他会暗下决心以后要小心，而不是要诚实和负责。当孩子闹情绪、无理取闹时，妈妈不要因为觉得丢脸，立刻强硬制止、严厉惩治，而应该想想，我们如何正确引导孩子，把孩子的不良情绪化解掉。

故意对抗，他的不满正在心中酝酿

小蒙是初中三年级的学生，即将中考，可他却在人生这个关键时期"堕落了"。

刚上初一那会儿，小蒙成绩极好，在年级也是名列前茅，但因为一次考试发挥失常，滑落了几名，被妈妈一顿臭骂，小蒙从此对学习没了兴趣。

小蒙个性鲜明，自尊心极强，进入青春期以后尤其特立独行。有一次，因为熬夜看书起床晚了，来不及细致梳洗便匆匆赶到学校，结果被班主任老师当众批评，说他发型凌乱，影响班容，他索性来了个"杀马特"造型。这种严重违反校规的事情，受处分自然是免不了的了。

老师见小蒙"自甘堕落"，很是惋惜，因为恨铁不成钢，有时免不了说几句重话。小蒙的反应是：谁说我，我就不听谁的课，你们爱留什么作业留什么作业，我就是玩。

小蒙的爸爸被公司派遣到国外工作，回家探亲的时间有限，小蒙和妈妈留在国内生活。妈妈也是个女强人，工作很忙，所以没有时间耐心教育小蒙，她教育孩子的准则就一个——严格，我说什么就是什么，我要求你做什么你就要做到。小时候，小蒙不敢违抗妈妈的命令，现在，他一听妈妈下令就怒火升腾，后来，他索性一回家就将自己关进房间，除了吃饭便不出来，如非必要，坚决拒绝和妈妈说话。

总之，现在的小蒙，谁的话都听不进去，而且叛逆至极，你让他往东，他一定往西，你让他捧狗，他势必赶鸡。

熊孩子叛逆是妈妈们极为头疼的事情。妈妈们也很诧异，为什么孩子小时候吃饱喝足就行，什么糟心事也没有，孩子越大，满足他越多，他反而要求越多。到了一定程度，只要稍微不如意，他们就跟自己对着干，无论怎样教育，都毫无成效。这是什么原因呢？

其实，当孩子从懵懂无知的孩提时代逐渐长大以后，最明显的标志就是独立意识的增强。孩子的叛逆心理也并非像我们所想象的那样——故意和父母对着干，也不是孩子越大就越不听话了。从某种程度上来讲，孩子的叛逆行为，其实也是一种渴望独立的信号。

到了这个时候，他们不再对父母的话语言听计从，而是渐渐地有了自己的想法，并能根据自己的经验做出相应的判断。这时候，如果做妈妈的不懂得及时沟通，及时了解，仍然凭借自己的人生经验，依照自己的想法去教育孩子，把他当作一个什么都不懂的人，就很容易使孩子产生逆反心理，从而使矛盾不断升级，孩子就变成和爸爸妈妈对着干了。

面对孩子的叛逆，家长需要正确对待，而不是一味地以父母的姿态压制他们。

（1）妈妈要和孩子建立一种和谐关系，这一点比教育更重要。妈妈要在建立这种关系的过程中，给予孩子被爱、被尊重、被理解的感觉。

（2）妈妈要获得自我成长，伴随孩子一起成长，在自我完善的过程中，给孩子树立一个榜样，这样更能获得孩子的认可，能在潜移默化中影响孩子改变不良行为。

（3）妈妈要找到多种方式教育孩子。青春期孩子的叛逆，主要体现在他们不愿意接受家长的给予，尤其是强硬性的指示，如果妈妈们能够通过其他方式，而不是责骂甚至殴打，让孩子明白他该怎样做，就可以起到事半功倍的效果。

（4）妈妈要找出孩子叛逆的原因。妈妈们应该明白，每个孩子都有叛逆基因，只不过产生叛逆的原因和表现不同。比如，女儿开始注重穿着打扮，儿子开始追求时尚新潮，家长可以把这种现象当成是爱美之心人皆有之，而不是大惊小怪。妈妈可以告诉女儿："妈妈知道你很爱美，但是也要注意穿得厚些，避免感冒，感冒了会影响学习，从而导致你跟不上老师的讲课进度，你自己也会不开心的。"妈妈可以跟儿子说："妈妈知道你喜欢时尚新潮的发型，但是妈妈还是觉得你以前的发型更帅气，不信你可以问问叔叔，他不是你最崇拜的型男吗？"如果孩子总是凡事和家长对着干，那么家长就需要寻求第三方介入，让更容易说服孩子的人来和他谈话，或者直接寻求心理医生的帮忙。对于比较激烈的叛逆心理，妈妈应该学会心平气和地开导，必要时请教心理专家，通过理解的心态逐步解决问题。

（5）妈妈应避免从学习入题和孩子交流。和孩子交流的过程中，家长或老师经常会从学习入题，以成绩进行评判，殊不知这样只会增加孩子内心的压力，怀疑家长和老师只是为了学习才和自己妥协的。妈妈们可以从家事的角度入手，等到孩子的情绪稳定之后再和他谈正事。

（6）及时预防叛逆。为了防止孩子出现逆反情绪，妈妈们应该从小和孩子建立良好的亲子关系，积极和孩子沟通，以朋友的方式和孩子相处，把孩子当作独立的个体去尊重，这样孩子的心绪才能更平稳。

拒绝说话，孩子这是和你较上劲了

漫妮自从进入初中以后，和父母的交流就越来越少了。每天放学后，漫妮总是第一时间回到自己的房间，把房门一关，任你千呼万唤，不到吃饭时间绝不出来。

吃完饭以后，她又迅速躲入深闺，房门一锁，这个世界只有我。

以前，漫妮在父母面前可是一个"小话痨"，遇到开心的事、不开心的事、有趣的事、难以解决的事，都会和父母分享、商量。可是，随着年龄一点点增长，漫妮和父母之间的话越来越少了。

有时候漫妮做得不对，爸爸妈妈说两句，她则一言不发，"你们想怎么批评都好，我照单全收就是了"，即使爸爸妈妈错怪了漫妮，她也不像过去那样据理力争，只是把脸一甩，把门一关，保持沉默。

这种状况令漫妮父母非常焦虑，然而又不知道如何与女儿重新建立亲密沟通。

无意中，漫妮妈妈看到漫妮的日记，只见上面写着："他们一点也不了解我，想让他们理解我，更是痴心妄想。他们根本不知道我想要什么，却觉得他们给我的就是最好的，我必须感恩戴德地去接受。他们今天要我学跳舞，明天要我学钢琴，每天盯着我的成绩叨叨叨，还阴阳怪气地说现在的孩子身在福中不知福，要是这就是福，我一点儿也不稀罕！他们只希望我像他们希望的那样优秀，好让他们在亲戚朋友面前满足自己的虚荣心。"

漫妮妈妈看到女儿的心声以后，当时就惊呆了，她从不知道，女儿的心里竟然对父母积蓄了如此多的不满。她本想和女儿好好聊聊，可又不敢，怕女儿察觉自己偷看了她的日记，彼此之间关系更加僵化。

跟漫妮父母一样，很多家长非常困惑——为什么孩子什么话都不愿意对我说呢？

其实，主要原因就是，家长们总是爱摆出一副高高在上的样子，所以孩子们尊敬他们，但却无法理解他们，总觉得跟爸爸妈妈缺少"共同语言"。如果父母期望孩子能够接受自己、接近自己，那么就必须要放下高姿态，在家庭中构建起民主、平等的良好气氛。

在美国，家长们认为，大人必须平等地对待孩子，和孩子成为好朋友，才能成为称职的家长，才能教育好孩子。我们可以看一下，一位美国妈妈是怎样教育她的孩子的。

珍妮是美国加州的自由职业者，她在教育孩子方面下了很多功夫。她说自己一直在努力为孩子提供一种民主的家庭气氛，她和孩子的关系就像朋友一样友好亲密。

对孩子的平等姿态是良好沟通的开始，她将孩子描述理想的作文保留下来，将孩子们的学习成绩、身高等按逐年变化绘制成曲线图，从小就教他们唱歌、游泳、划船、钓鱼，带他们到博物馆参观，看展览，看歌剧，有空还带他们到大自然中去呼吸新鲜空气……

在各种活动中，她不会因为自己是家长就不容置疑，摆出什么都对、什么都懂的样子，而是尽量去做能给予孩子知识和欢乐的最知心、最亲密、最可信赖的朋友。遇到比如搬家、换工作、买车之类的事情时，她就会召开家庭会议，与爸爸一起和孩子们商量该怎么做；她还组织家庭音乐会，并将每个人唱的歌录制在磁带中。由于家庭气氛民主和谐，孩子们生活得无忧无虑。

因此，她的孩子遇到事情就会跟爸爸妈妈讲，从不在心里放着，出门说"再见"，进门先打招呼，做饭当帮手，饭后洗碗、擦桌、扫地；平时买菜、洗菜，给父母盛饭、端汤、拿报纸、捶背；有时父母批评过了头，他们也不会当面顶撞，而是过后再解释。她常对孩子们讲："我们是母子，也是朋友，我和爸爸有义务培养教育你们，也应该得到你们的帮助，你们长大了，会发现我们有很多的不足之处，发现我们很多地方不如你们，这是正常的。因此，我们要像朋友一样互相谅解，互相帮助。"

在这个美国家庭中，不管是家长，还是孩子，都是平等的。孩子提出的看法，爸爸妈妈都认真考虑，有道理的就接受；而爸爸妈妈的想法也都和孩子讲，共同商讨。这样做，孩子觉得自己在家里有地位、受重视，所以也就对家庭更加关心。

如果中国的父母也都能这样与孩子相处，也许就不会有那么多家庭问题了。家长与孩子之间不应是统治与被统治的关系，而应像朋友一样平等、自由。当然，这并不意味着家长要完全迁就孩子，妈妈还是要负起引导的责任。

那么，如果你的孩子已经开始与你进行沉默的对抗，你该怎样撬开孩子的嘴呢？

（1）对孩子要宽严适度。妈妈既不能为了赢得孩子的开心和笑容，就对孩子的缺点、错误放任自流，听之任之，连不合理的要求也违心地满足；也不能时时处处苛求孩子，把孩子与同伴进行横向比较，甚至拿孩子的短处去与同伴的长处相比。妈妈要注意进行纵向比较，一旦发现孩子的闪光处和点滴进步，就要及时加以鼓励。

（2）要尊重孩子，认识到孩子也是一个独立的个体，也有自己的情感和需要。妈妈要放下架子，"蹲"下身来与孩子讲话，尽量减少"威严感"，增加"亲切感"，让孩子感觉到妈妈和自己是平等的。

（3）对待孩子要讲文明礼貌，不打骂孩子。一旦孩子有了成绩，做了好事，妈妈爸爸都要表示祝贺。

（4）要勇于承认自己的错误。当自己对孩子讲错了话、做错了事，要勇于向孩子承认错误并及时道歉。这不但不会降低妈妈在孩子心目中的威信，反而会使孩子觉得妈妈更加可敬可亲。

熊孩子的拧脾气，其实非常好治愈

南南这孩子，犟得很，凡事都要按照自己的意愿来，稍不如意就闹情绪，不管是爸爸妈妈还是幼儿园老师，谁说话都不好使。

某天，妈妈不小心踩到了他的动漫卡片，他顿时怒发冲冠、暴跳如雷，一把将妈妈的鞋架推到，然后再往妈妈的鞋上踩上两脚。妈妈批评他，让他道歉，他小脖子一梗："我偏不！"

一天上午，幼儿园里老师在上面教舞蹈，让小朋友们在下面跟着学，南南也古灵精怪地跟着学了起来，但因为动作太过搞怪，引起了小朋友们的阵阵哄笑。老师温柔地劝告他："南南同学，你的动作不对哦，仔细看看老师是怎么做的。"

南南小肩膀一抱："年轻，就是不一样。"弄得老师哭笑不得。

不仅如此，南南还特别挑食，每当老师要求他好好吃饭时，他就故意把饭菜弄得到处都是。

然而，南南妈妈对自己家这头"小倔驴"也是毫无办法，经常痛苦地问朋友："这熊孩子，骂也不是，打也不行，可任凭他这样犟下去的话，将来要被社会毒打多少次啊！可愁死我了！"

其实，绝大多数孩子在 3 岁左右都有一个"反抗期"。这个时候，原本乖巧的孩子会变得顽皮，原本顺从的孩子会变得忤逆，脾气就像一头"小倔驴"。不过，这只是孩子生理和心理发展过程中的一个正常现象，是孩子独立意识觉醒的必然经历。如果这一阶段，父母不了解情况，只是一味地要求孩子乖巧听话，那么孩子的个性发展反而会受到极大的限制，对孩子的成长来说并不是一件好事。

在这一阶段，面对熊孩子们的拧脾气，妈妈们大可不必烦恼焦虑，反而应该高兴才是。其实，这个时候的不听话意味着孩子的独立性、自信心都在慢慢增强。

当然，也不是说孩子处于正常的反抗期，我们就要对他无限纵容，放任自流。有些孩子可谓是倔强到了骨子里，就是犯拧、不听劝、对着干，这实际上是孩子与父母的意志发生违背，坚持自己的意愿造成的。这种情绪上的变化反映了他们认识上的不足，如果父母处理不当，极易导致孩子各种心理障碍。

博俊是远近闻名的"小倔驴"，平时最喜欢和父母、老师对着干，似乎就像在对他们宣誓："自由就从来没有被武力征服过。"博俊这种油盐不进的个性，可把他的父母给难住了。

前段时间，学校通知省里要举行数学竞赛，老师希望博俊能够代表学校出赛，因为他倔强归倔强，数学天赋确实很高，可是，博俊不乐意了："凭什么你叫我去，我就得去？我爱好学数学，努力学数学，可不是为了给你们争名誉的！这么'功利'的比赛，我才不去呢！"就这样，博俊一口回绝了老师的提议，理由就是"我不想去"。

老师很无奈，也不能逼着学生去呀，于是私下里和博俊妈妈沟通。

当天，博俊回到家里，妈妈问他："你为什么不去参加数学竞赛啊？给我个理由。你知不知道，很多人想去，因为能力不够，老师还不选呢！"

博俊把头一昂："年轻人，不接受安排，优不优秀，不看比赛！"

这话说的，貌似还有点道理。不过，这话对博俊妈妈来说，杀伤力却是极大的，她捂着额头痛苦地叹息："我的天啊！我上辈子造了什么孽啊？"

不得不说，博俊这孩子确实够让父母抓狂的。然而，面对"拧脾气"的熊孩子，父母再抓狂、再痛苦、再叹息又有什么用呢？我们要做的是找出孩子犯拧的原因，并合理解决。

那么，熊孩子们为什么要犯拧呢？

孩子犯拧不听大人的劝说，很多时候是因为自己有了主见，又与父母的想法不一致，但不肯妥协坚持己见造成的。

有的父母太过顺从孩子，因而养成他们任性妄为的性格，只要稍有不顺就开始发脾气了，这显然是后天父母娇惯导致的。

孩子犯拧也有先天因素的影响，有的父母属于控制欲望很强的人，所以对孩子的操控欲也很强，自然就会造成孩子反抗、犯偏的性格。

还有一种情况就是父母平时对孩子过多干涉，令孩子感到完全没有了自我，为了彰显自我，他们开始顶嘴，明知不可为而为之，这时父母就会觉得孩子难以管理，无法无天了。

此外，"拧脾气"的产生也可能源于孩子的不良情绪。父母的体贴能够使孩子感到安全，有助于孩子产生良好的情绪体验。定时的饮食、适当的睡眠，也有助于孩子形成稳定平和的良好情绪。

由此可见，熊孩子的"拧脾气"主要是因为没能和父母做好沟通。因此，在生活中，妈妈们要尽可能地和孩子交流谈心，了解他们的所思所想，不要只根据自己的想法来要求孩子，也不要用命令式的语言强迫孩子顺从自己的意愿，那样很容易引起孩子的反抗情绪，"拧脾气"自然也就形成了。妈妈们应该这样做：

（1）平等对话，安抚心灵。面对孩子的拧脾气，妈妈首先要将孩子作为一个独立的个体进行平等的对话，尽量去了解孩子想要表达的需求。孩子发脾气时最需要的是得到他人的理解和包容，妈妈应该先安抚孩子的心灵，让孩子冷静下来，然后和孩子沟通，了解和满足孩子合理的需求，对孩子不合理的需求要说明不予满足的理由，最后应该明确地告诉孩子他的这种反应方式不受欢迎。

（2）事先沟通，给予缓冲。年龄比较小的孩子往往只知道自己想做什么、不想做什么，对于大人的要求，他们往往不太理解，因而也并不配合。妈妈应该多和孩子沟通，让他明白"为什么要这样做""为什么不可以那样做"，孩子自己明白了，才能渐渐改变倔强的脾气。而且，妈妈应该给孩子一个心理缓冲，想让孩子做什么事，事先和孩子沟通好。比如，孩子在外面玩得不亦乐乎，不想回家，妈妈可以提前和他商量："你可以再玩一会儿，但6点我们就要回家了。"这样一来，孩子就比较容易接受了。

（3）给予尊重，允许自主。有些孩子犯拧，是因为他们有自己的想法和主张。比如，想自己决定衣物、用品的款式，自己选择去哪儿玩或学不学舞蹈。这说明孩子很有主见，有强烈的自我意识和个人意志。在对待这样的事情上，妈妈们不必说一不二，应以尊重为主、建议为辅，尽量让孩子自己决定。如果妈妈担心孩子太小无法做出正确的选择，可给孩子创设一些机会，让他体验选择的结果，这对培养孩子的判断能力和承受能力都是大有裨益的。

（4）冷淡处理，化解情绪。如果一时间无法满足孩子的要求，不能平息孩子的情绪，妈妈可以把他晾在一旁，采取置之不理、转移注意力和隔离政策等方法，让孩子自我调整。

面对熊孩子的"拧脾气"，妈妈们既不能放任其发展，也不可简单粗暴对待，抹杀了孩子正在成长的独立意识。因此，妈妈们应慎重再慎重，想办法多与孩子沟通思想与感情，提醒自己既是孩子的母亲，又是他们的朋友，绝不能简单地压制，要利用孩子的反抗与服从、自主与依赖的矛盾心理，因势利导，让孩子顺利度过"反抗期"，这对他们的心理健康及成长都大有益处。

熊孩子闹脾气，找找原因在哪里

馨馨今年 2 岁半，你别看她人小，可脾气却相当大。一天下午，刚刚睡过午觉的馨馨竟然闹起了起床气。

一觉醒来，馨馨回忆起上午玩的搭房子游戏，意犹未尽，她兴高采烈地走向客厅的小桌子，准备再玩一会儿。可是，一瞬间，她的眼睛都直了——桌子上什么都没有，她的小房子不见了。

正在这时，小姨走了过来，抱起馨馨说："馨馨，你看小姨好不好，把你的小桌子收拾得多干净。"

谁知，馨馨一下子就炸了，小手对着小姨不断捶打，嘴里还嚷嚷着："讨厌鬼，丑八怪，大胖子，谁让你破坏我的小房子！你以后别来我家了！"

小姨看了一眼自己微胖的身材，当时尴尬极了。

还有一次，妈妈带着馨馨去购物，中途路过肯德基。馨馨闻着店里飘来的炸鸡香味，瞬间就迈不动步了，非要妈妈给她买汉堡吃。妈妈哄她："馨馨乖，油炸食品吃了会拉肚肚，咱不吃。"但馨馨仍然使劲把妈妈往肯德基店里拉。妈妈没办法，索性抱起馨馨直接往商场走，馨馨又哭又闹，对着妈妈拳打脚踢，弄得商场门口好多人看着她们母女。

　　熊孩子在公共场所这么闹，妈妈恨不得找个地缝钻进去，馨馨妈妈一时火大，照着馨馨的屁股就拍了几巴掌，这下子，馨馨闹得更凶了……

　　自己的孩子当众大发脾气，对父母来说是件很尴尬的事情。一般情况下，当孩子当众有异常表现的时候，父母首先想到的是自己的面子，却很少有父母真正地去关心孩子此时的心情和情感需要。因此，父母便会对孩子的行为很快地加以压制。

　　实际上，父母这样做是不对的。要知道，孩子这个时候还没有建立起真正的是非观，而且易冲动，自制力差，对挫折的容忍程度是有限的，所以两三岁的幼儿爱发脾气是很正常的。比如，一个两岁的孩子，他要到外面玩，父母不允许，为什么不允许，他不明白，有可能就要通过发脾气的方式表达自己的感情。而4岁以上的孩子，对挫折有了一定的控制能力，初步明白了一些事理，假如还频频哭闹、经常发脾气，那么其原因大多数在父母身上。

　　奇奇妈妈经常对朋友说："我家奇奇平时很乖，可是脾气一上来，简直变了个人似的，这孩子是不是双重人格啊？"

　　一天，一位朋友问她："孩子发脾气，总是有原因的吧？你找到他发脾气的原因了吗？"

　　"原因？那原因可太多了，谁留意得过来呢？"奇奇妈妈一脸茫然。

　　"那你以后多留意，多观察，多和孩子沟通，也许会有新的发现。"友人提醒道。

从那以后，奇奇妈妈真的留心观察了，发现奇奇总是在父母不耐心或有恼怒表情后开始"发怒"，而且纠缠不清。妈妈翻开一些育儿书来看，其中讲到孩子对归属感的寻求，不禁有些醒悟。或许是奇奇看到父母生气，会想到他们不再爱他，所以有危机感，因恐慌而暴怒。

找到原因就好办了。有一次奇奇又闹起来，这次妈妈没有训斥或表现出厌烦，而是温柔地抱着奇奇，低声细语地说："妈妈知道你心里难过，能不能告诉妈妈为什么难过呢？"这样问了一阵，奇奇终于吞吞吐吐地说出来："我看你刚才生气，以为你不喜欢我了。"

"傻孩子，妈妈怎么会不喜欢你，刚才妈妈情绪不好，因此，对你态度也就不好了。可是妈妈是喜欢你的，你要相信妈妈。"从那以后，每当奇奇有迹象要发怒时，妈妈都首先向奇奇声明她喜爱奇奇，这的确使奇奇平静了很多，不再没完没了地"找麻烦"了。

孩子发脾气，其实总有他的原因。要解决孩子脾气大的问题，就要先知道孩子为什么发脾气。孩子发脾气，一般来说多是孩子的需要没有及时得到满足。这些需要，有些是物质上的，如孩子想买一个玩具或者买一些零食；有时则是生理上的，如病了不舒服，而父母又不是十分的重视；有些是心理上的，如孩子想要得到父母更多的关注，孩子害怕父母不喜欢自己；等等。当然，这并不是说父母必须满足孩子的一切需要。当父母的，要分析孩子的需要是否合理，既不要忽视孩子的心理、生理需要，也不能让孩子的需求感变成贪梦欲。

儿童心理学家给出的建议是：

第一，不能向孩子"俯首称臣"。

第二，当孩子发脾气时，适当地采取"冷处理"的方式。

第三，父母"以身作则"，让孩子从榜样的身上学到正确的东西。

其中，孩子发脾气就向他屈服是最不可取的教育态度和教子方法。当孩子乱发脾气时，父母要保持冷静，对孩子的不合理要求绝不迁就，始终要让孩子明白，无论他怎么发脾气，父母都不会"俯首称臣"，他始终都达不到自己的目的。当孩子已经在发脾气时，父母及其他亲人不妨暂时都不去理会他。事后，再当着孩子的面，分析一下他发脾气的原因，细心地引导、教育孩子，相信孩子会从错误的行为中吸取教训。

另外，还有几点，妈妈们一定要注意：

（1）给孩子发脾气的权利。如果孩子正因为某事在气头上，要允许他发脾气。我们不妨先坐下，安静地等待孩子，安静地看着孩子，不去打断他的怒气，全神贯注地关注孩子，这等于告诉孩子：你是被我在意的，我在认真地注意你的感受或问题。给孩子发脾气的权利，有助于孩子宣泄心理能量，这也是对孩子关爱的表达。

（2）妈妈自己不要经常发脾气。当妈妈火冒三丈时，要注意孩子很可能会模仿这种处理问题的方式。假如妈妈动辄勃然大怒，又怎能期望孩子控制好情绪呢？因此，为了培养孩子良好的性格，不乱发脾气，妈妈们一定要以身作则，为孩子创设一个良好的家庭环境氛围，让孩子保持积极情绪，学会控制不良情绪。

（3）父母的教育态度要一致。当孩子发脾气时，千万不要在成人中间形成几派，有人不理睬，有人去哄劝，有人离孩子而去，还有人跑到孩子面前讨好，更不要当着孩子面争论。成人彼此之间一定要沟通好，一旦孩子情绪发作，全家人要采取一致的态度，否则他就会更加哭闹不止。

解除习惯性防卫，孩子不再固执到底

淳瀛这个小家伙相当固执，只要他认准的事，谁说话都不好使，而且对于别人给予的善意，他总是表示质疑。因此，尽管小家伙长得漂亮，学习也好，但老师和同学们却并不十分喜欢他。

在爸爸妈妈面前，淳瀛更是固执到了极致。

小学毕业后，妈妈为淳瀛选了一所离家较近的重点中学，而淳瀛却一意孤行去了一所离家较远的中学，他不是喜欢走远路，而是拒不接受父母的安排。

淳瀛有鼻炎，妈妈配来滴鼻药水，他却故意假装不小心把药瓶摔碎了。

妈妈希望他去补习英语，他在补习班上就故意不听课。

爸爸平时工作忙，找机会想跟淳瀛聊聊，他却把房门一关，任父母千呼万唤，他也不出来……

淳瀛的父母急坏了，这熊孩子脾气这么固执，将来到了社会上是一定会吃大亏的啊！

生活中，像淳瀛这样的孩子并不少见，明明我们从客观的角度告诉他怎么做才对他有好处，他却一意孤行、固执己见，无情地拒绝我们的提醒，令我们又气愤又苦恼。

痛苦之余，我们也百思不得其解——这熊孩子怎么就这么固执呢？

其实，孩子的固执往往出自"习惯性防卫"。通俗点说，孩子并不是真心觉得我们的提醒不对，而是出于单纯的、自我防卫的习惯，才对别人的提醒、建议、帮助、安排等予以本能排斥。对孩子来说，这只是一种幼稚的自我保护。

比如，在做题时有同学好心告诉他，这道题这样解不对，事实上这样解确实不对。不过，有的孩子会欣然接受，表示感谢；有的孩子则毫不领情，冷酷地拒绝："省省吧，我才是对的！"

其实，这个时候孩子的头脑并不是客观理智的，他们只是在保护自己——对个人评价的自我保护。

事实上，当有人试图给孩子提供建议、评价、提醒时，孩子在接收对方信息的时候会自动过滤内容——他的话是否符合我的心意，是否是对我的赞誉，是否对我有利，等等。

这个时候，"习惯性防卫"会对孩子的反应产生极大的影响。其实，有的孩子容易和别人发生争执和冲突，并不是他天性里带着"打架基因"，而是他在"习惯性防卫"。

在"习惯性防卫"的影响下，孩子有时会让人觉得偏执、固执，看上去不可理喻。而当孩子"不可理喻"时，家长无可奈何之下往往就给孩子贴上了"顽固分子""小倔驴"的标签。从此，孩子成长在父母给定义的标签里，以至于到了最后，我们也分不清是父母的定义框架了孩子，还是孩子的"一意孤行"形成了生命的框架。

诚然，固执也有它积极的一面，它可以使孩子更加坚定自我价值，更加坚定自己的目标，不逆来顺受，不随波逐流。然而，正确的固执应该是目标明确、有的放矢，而不是一意孤行，撞到南墙不回头。

这个时候，孩子需要我们的帮助，需要我们帮助他卸下"习惯性防卫"，化解"固执"对其人生可能产生的严重负面影响。

（1）让你的民主有它的底线。我们一直提倡在家庭教育中营造民主氛围，给予孩子一个民主的成长环境，但民主也要视情况而定。

有些妈妈过于强调家庭教育中的"民主"二字，不管什么事情都寄希望于通过"晓之以理"来解决，结果，理没讲成，孩了却被纵容坏了，变得越发任性和固执。家庭教育中的民主也应有个底线，对于年龄较大的孩子，我们可以晓之以理，动之以情，以理服人，以情动人，而如果孩子还很小，心智未成，还非常"不懂事"，那么，带有少许强制色彩的教育仍是必不可少的。

（2）教孩子学会倾听。妈妈在与孩子的日常相处中，应该多倾听一下孩子的看法，多问问"孩子你怎么看？""你觉得怎么样？"身体力行教会孩子倾听。同时，也要强化孩子的"征询意识"，让孩子在日常与人相处的过程中，乐于征询别人的意见，接纳别人的建议。日久天长，潜移默化之下，孩子的"习惯性防卫"自然而然就会被弱化。

（3）以积极暗示代替直接指导。积极的暗示能够尽量避免沟通双方出现分歧，能够尽量避免对立情绪的升级。在家庭教育中，暗示往往比命令和要求更有效，更能收获意想不到的效果。

固执的孩子不喜欢接受别人的意见和指导，他甚至会因此反其道而行之，但如果我们把意见和指导调换成暗示模式，甚至让孩子觉得想法是他自己的，就能极大地弱化孩子的"防卫"和"对峙"意识。从小接受积极暗示的孩子，往往心思通透、八面玲珑，固执在他这里是不存在的。

（4）给孩子做个好榜样。即使作为成年人的我们，很多时候也会表现出不成熟的固执。比如，面对朋友、长辈的批评或建议，展现出强烈的对抗情绪甚至是攻击意识；又如，在与他人意见不一致时，不是抬杠就是争吵。如此种种，势必会对孩子产生不良影响。因此，希望孩子不固执，我们首先要做到不固执，给孩子做一个好的学习榜样。

Chapter 5

建立顽童内驱体系，
让熊孩子自己爱上学习

孩子为什么厌学？因为如果人生没有追寻理想的目标，没有人天生就喜欢学习。

学习兴趣不是天生的，也不是别人逼出来的，而是被某种因素激发、引导的。事实上，几乎每个孩子都有厌学心理，所以你家熊孩子厌学，妈妈不必过于惊慌。你只要保持一颗平常心，以友爱、关切的方式与孩子沟通，了解孩子厌学的理由和动机，终会将孩子的厌学心理治愈，最终帮助他实现学有所成的目的。

孩子学习不积极，往往家长有问题

小新小时候有"神童"之名，3岁背唐诗，5岁能读千字文，6岁百以内加减法百算无错。

可就是这样一个天资聪慧的孩子，你能想到他居然从12岁就开始逃学，完成九年义务教育就辍学在家，到现在还在社会上游荡着吗？

现在，小新每天白天睡觉，晚上刷手机、泡网吧，小新爸妈对他已经放弃了，小新自己也自我放逐，游戏人生，啥也不想，就是玩。

为什么一个天资聪慧的孩子会主动毁弃人生？这中间到底发生了什么事情？真相只有一个。

小新的爸妈有一个美好的愿望，就是把孩子培养成清华或北大学子。于是，从小新上幼儿园起，小新的爸妈就给他制定了"最高学府培养计划"。一周七天，小新每天都是学完这样学那样，学完那样学这样，一点儿玩的时间都没有。而且，在爸爸妈妈深切期待的目光中，小新感受到了他这个年龄不该有的压力。

被学习挤满的童年，父母的强硬态度，山大的压力令这个原本喜欢学习的孩子慢慢开始讨厌学习，成绩也随之开始下滑。遗憾的是，小新的父母关注的只是孩子的成绩，完全不在意孩子的心理问题，孩子成绩下降，他们非但不安抚、鼓励和反省，反而用很难听的话训斥孩子，一再表达对他的失望。

父母的冷言冷眼使小新产生了深深的无力感，他由此更加讨厌学习，于是成绩下滑更加严重，随之而来的是父母的恶语相向，这就形成了恶性循环。

后来，小新彻底放弃了自己。

孩子产生厌学情绪，原因虽然是多方面的，但儿童心理学家认为，其主要责任还是在家长身上，是由家长教育的不当、不合理所引起的。这主要表现在以下三个方面：

（1）给了孩子太大的压力。很多父母想通过给孩子加压，让孩子考出好成绩，以满足自己与同事、亲友攀比的心理，却不顾孩子的兴趣所在，一味地要求他参加各种学习班，剥夺了孩子交友和玩耍的权利，使孩子失去了和同龄人交往的机会，孩子感到生活枯燥无味。孩子处在强大的压力下，不仅感觉孤独，而且发展到了对读书的厌倦。在此情况下，他只有对抗或是逃避。结果，家长的做法非但达不到预期效果，反而弄得亲子冲突不断。

（2）眼里只有孩子不好的方面。父母过分关注孩子学得不好的学科，实际上是对孩子长处的忽视。父母认为学得好的学科是应当的，而成绩差的方面是不应当的，也是自己万万不能容忍的，表现在行动上就是严厉喝斥，无情打击。这种做法，让孩子对自己的能力彻底丧失信心，并由此可能危及其他学科的学习，造成恶性循环。

（3）过于强调孩子的远大目标。父母期望孩子早日成才，期望孩子出类拔萃，这种心情本是合理的，但也不能否认，任何事物都应该掌握好尺度，要根据实际状况，采取科学的方法，千万不能在教育孩子的过程中，怀着不切实际的"期望"走向极端。父母总是用成人的心态和眼光看待孩子的内心世界和能力，对孩子的能力发展、情绪状态、心智方面都有过高的估计。父母在这种自我沉迷的状态下不能清醒地认识问题，久而久之，使自己的行为成了一种惯性和教条，最终给孩子造成了巨大的精神压力，使孩子学习越来越没兴趣和信心，甚至还导致孩子心态失衡，走上极端。

因此，到了该给孩子"减负"的时候了，我们不要总是给孩子太多压力、负担，我们对孩子的期望应该是合情合理的，要让孩子能够看到成功的希望，"轻装上阵"不是更有利于远行吗？

教育孩子应从孩子的实际出发，顾及孩子的爱好与特长。如果家长固守着自己的兴趣和愿望，那么孩子只会走向相反的道路。在高期望值的支配下，父母评判孩子好坏的标准往往会严重失衡，孩子教育的成败也多以考试分数或指令孩子所学的一门特长的成效来衡量。这实际上是家长自己背上的一个错误而沉重的包袱。因此，父母在教育孩子时，应注意给孩子"减负"而不是"加压"，不要以为孩子在很大压力下才会出人头地。教子成功的父母一般绝不给孩子太多的期望压力，因为让孩子放松身心、缓和情绪反而更好。

给孩子过高的期望，会让孩子因压力过大而崩溃；降低你的期望，为孩子减去过重的负担，反而可以使孩子轻松自如地前行。

孩子学习固然有各种外在的目的和长远目标，但对孩子来说，学习的乐趣在于学习活动本身。如果孩子的兴趣是由学习活动本身引起的，他就会持之以恒。孔子言："知之者不如好之者，好之者不如乐之者。"这实际上道出了学习的三个境界。追求学习的外在目的很可能将学习的境界局限在"知之"这一个层次，孩子只能处于被动的、简单的应答阶段，无从谈起创造性，也无快乐可言。

家长们应认识到，孩子厌学有着很深的家庭根源。家长在教育和培养孩子的过程中，必须注意运用良好的教育方法，提高孩子的学习热情，从而切实地消除孩子厌学情绪的产生。

妈妈越"鸡血"，孩子越厌学

朵朵原本是一个活泼开朗、热爱文学创作的文艺女生，可是到了初三那年，朵朵妈觉得在这么关键的人生节点面前，属实不能再惯娃了，于是为她制订了苛刻的学习计划：每天凌晨五点，朵朵必须起床背英语；每天在规定时间内，必须完成5套卷子；寒假？抱歉，不存在的，赶紧去补习班吧！

朵朵考得好，朵朵妈就眉飞色舞，大加奖励；可一旦朵朵成绩滑坡，朵朵妈就怒发冲冠，对她更加严厉，不许她再养狗，不许她追明星，甚至连她酷爱的文学创作都被禁止了。

没完没了的学习以及妈妈的步步紧逼终于使朵朵不堪重负，她的内心几乎是崩溃的，她甚至出现了梦游的糟糕状况。然而，朵朵妈对朵朵依然没有丝毫放松，她为朵朵的成绩患得患失、焦虑不已，她继续施展着自己的"升学大计"。

终于，妈妈的"格外努力"使朵朵产生了严重的叛逆心理，这让她极度渴望放飞自己。最后，她只能用离家出走来表达自己的强烈抗议。

家长关心孩子的成绩，初衷没有任何问题，但千万不要过分焦虑，不要紧紧地盯着孩子的学习，不要将孩子的学习看作是一件每天必须完成的事情。要想孩子学习好，关键是培养孩子的自主学习能力，让孩子对学习产生兴趣。这样一来，即便父母不盯着孩子学习，孩子也能够学得很好。如果朵朵的妈妈能够考虑到这一点，那么朵朵也不会对学习产生如此厌恶的情绪。

现代社会，职场的节奏越来越快，成年人的工作越来越忙，白天爸爸妈妈都要上班。因此，家长为了保证对孩子的学习情况有一定的了解，在见到孩子后，第一句话往往是"老师今天留什么作业了"，或者是问"今天有没有考试？考了第几名"，似乎这样才能督促孩子好好地学习。而在孩子看来，爸爸妈妈除了关心自己的学习和成绩之外，对自己毫不关心，自己每天在学校和小朋友们怎么玩的他们不会问，自己今天在路上看到什么、有什么想法，他们也不会问。于是，渐渐地，孩子会对爸爸妈妈每天的询问产生反感，甚至是产生一种抵触情绪，这样不但不利于孩子的成长和学习，反而会让孩子对学习失去兴趣。

当然，说这么多，也不是说为了不给孩子过大的压力，我们就不能插手孩子的学习。事实上，高情商的妈妈都会有技巧地插手孩子的学习。

（1）每天"小汇报"的内容要加点孩子感兴趣的内容。在孩子回到家中之后，妈妈不要急于问孩子的成绩，要先问问孩子在学校发生的事情，让孩子自己讲述今天开心的事情。孩子会将自己学习的情况自动地告诉你，与此同时，孩子会觉得妈妈是在关心自己，自然对妈妈的询问不再抵触。

（2）让孩子独立完成作业。在生活中我们经常看到有的妈妈会在孩子写作业的时候，坐在孩子身旁指手画脚，很害怕孩子会出错，也不希望孩子出错。其实，妈妈们根本没有必要这样做，我们必须让孩子独立完成作业。即便是出现错误，也应该在孩子做完之后再给孩子进行指导，这样不但能够提升孩子学习的积极性，同时还能够让孩子养成独立学习的好习惯。

（3）激发孩子的学习兴趣。孩子对学习产生兴趣，才能够更加主动认真地去学习，妈妈应该想办法激发孩子的学习兴趣，比如可以在和孩子做游戏的时候帮助孩子学习。当孩子对学习产生兴趣之后，妈妈不用紧盯着孩子，孩子也会门门功课都很优秀。

（4）在孩子成绩进步的时候要夸奖孩子。当孩子考试有进步的时候，妈妈们千万不要忘记夸奖孩子。当孩子考了好成绩之后，他们最希望的就是得到爸爸妈妈的夸奖。所以说，在这个时候要记得夸奖孩子，让孩子明白，只要自己好好学习，爸爸妈妈就会很开心，为了让父母开心，孩子便会主动地去学习了。

孩子成绩差，还不是被你骂出来的吗

梦涵最讨厌妈妈来接自己，因为每次妈妈来接自己，上车的第一件事就是问她："今天测验了没？你考第几？"

梦涵才上二年级而已，她完全搞不懂妈妈为什么这么关注自己的考试成绩，而对自己的其他事情从不过问。其实，梦涵每天放学最想跟妈妈说的是："妈妈，今天我们学校组织了校园活动""妈妈，今天老师夸奖我口才好""妈妈，琪琪她说不和我玩了"……但是，梦涵妈妈的关注点显然不在这里。

一天，妈妈又来接梦涵回家，梦涵的小心脏忍不住颤抖了一下，因为今天的单元测试她考砸了！所以当妈妈又问她："今天考试了没有？"

她心虚地回答："没有。"

"真没有吗？"妈妈追问道。

梦涵的求生欲很强："如果课堂测试不算的话，就没有。"

"那你课堂测试考了多少分？"妈妈显然猜到了什么，脸色开始不好起来。

"89 分。"梦涵的声音极小，但怎么能逃过妈妈尖尖竖起的耳朵呢？妈妈瞬间气血上涌："这么小你就不好好学习，将来能有什么出息！你个学渣！"

梦涵很委屈，也很费解："一次考试没考好，和我长大有没有出息有什么关系？"

从这以后，梦涵妈妈对孩子的学习更上心了，每天都会对孩子进行例行询问，并且还给梦涵额外增加了许多作业，而且只要考不好，梦涵绝对逃不过一顿责骂。

种种不好的体验让梦涵觉得，学习真是一件讨厌的事情。于是，上课的时候，她开始不认真听讲，下课也不爱和同学一起玩了。而她的考试成绩，更是一次不如一次，不管梦涵妈妈怎么焦虑、关注、责罚、补习，全都无济于事。

很多孩子厌学的一个原因就是成绩差。成绩差给孩子带来很多压力，父母的焦虑、责骂让孩子开始怀疑自己，父母的紧盯、加课，使孩子越来越厌恶学习。

其实，当孩子成绩不理想时，家长来"硬"的是没有用的，越责骂孩子反而越糟糕。我们只有使用诱导的方式，宽慰和鼓励孩子，才能带孩子走出低谷，让他们忘记学习的烦恼。

奕苇平时学习很努力，上课认真听讲，积极完成作业，但是考试时，同桌很容易地就考了第一名，而她才考了全班第20 名。

回家后，她困惑地问妈妈："妈妈，我是不是个笨孩子啊？我觉得我和同桌一样听老师的话，一样认真地做作业，可是，为什么我总比他落后？"

妈妈明白，女儿的同桌给她造成了很大的压力。但是，她不知道该怎样回答孩子的问题。

又一次考试后，奕苇考了第 17 名，而她的同桌还是第一名。回家后，奕苇又问了同样的问题，妈妈心里很苦恼，因为她不想说一些谎话来应付孩子。比如，"你在学习上还不够勤奋""你和别人比起来还不够努力"……因为她知道，像女儿这样头脑不够聪明，在班上成绩不甚突出，却一直在默默努力的孩子，平时过得已经够辛苦的了。然而，奕苇却一天天消沉起来，她在学习时总是心不在焉，老师甚至反映说，孩子已经有些自卑了。眼看孩子的厌学倾向和心理问题越来越明显，妈妈决心为女儿的问题寻找一个完美答案。

周末，妈妈带着奕苇一起去看海，就是在这次旅行中，这位母亲解决了女儿的烦恼。

母亲和孩子坐在沙滩上，海边停满了争食的水鸟儿，当海浪打来的时候，小水鸟总是能迅速地起飞，它们拍打两三下翅膀就升入了天空；而海鸥总显得非常笨拙，它们从沙滩飞入天空总要很长时间。然而，母亲告诉女儿，真正能飞越大海、横过大洋的却是这些笨拙的海鸥。同样，真正能够取得成就的人，不一定是天资聪颖的孩子；而一直不断努力的孩子，即使天资不出色，也一定能获得成功。

如今，这个女孩再也不为自己不如同桌而讨厌学习，也再没有人追问她小时候成绩排第几，因为她已经以全市第一名的成绩被复旦大学录取。

其实，很多成绩差的孩子并不是不专心学习，也不是不努力。事实上，有时孩子很努力，也未必能够得到他自己想要的成绩。因此，奉劝父母，不要看到孩子成绩糟糕，就对孩子横加指责，这样做不但对提高孩子成绩毫无助益，甚至还会起到反作用。在家长的指责声中，孩子就会认为"我是个笨蛋，怎么努力也不会成为父母期望的样子的"。于是，他们就会陷入成绩怪圈——越考越差，越差越讨厌学习。

我们应该像奕苇妈妈一样，采用诱导的方法，帮助成绩差的孩子告别厌学情绪，重拾学习信心。

（1）用小小的成功帮孩子建立信心。宁宁读小学二年级，他不是个特别聪明的孩子，反应速度不够快，数学就是他最头疼的科目。别的小朋友可以轻松回答的问题，宁宁总要想上半天，因此宁宁越来越讨厌数学，在家里一让他做题他就说头痛，这让宁宁的父母也很烦恼。

后来，宁宁妈妈想出一个好主意：她找了几道简单的四则运算，从单位回来后告诉宁宁，这是二年级数学竞赛的题目，想让宁宁做做看。宁宁皱着眉头拿起铅笔，没想到的是，20分钟后，他竟成功地做出了六道题。妈妈高兴极了，她大声地告诉宁宁："儿子你太棒了！简直是个天才，你怎么说不喜欢数学呢！看这几道题解得多好啊！"

"真的吗？"宁宁激动得小脸发红，他第一次觉得数学其实是很可爱的。

心理学家认为，经常有意识地安排一些比较简单的题目让因成绩较差而厌学的孩子做，并及时给予褒奖、赞美，那么孩子的自信心自然容易建立，厌学的情绪必定也会得到改善。

（2）鼓励孩子重新振作精神。睿睿垂着头回到家里，这一次又考砸了，看来一顿责骂是免不了了。妈妈接过试卷一看正要发火，来做客的舅舅却劝住了妈妈。舅舅看了看试卷后，温和地帮睿睿分析了考试失利的原因，告诉他题目正确的解法，还鼓励睿睿说："睿睿，考场是最公平的，只要你多用功，它就会给你回报！我家睿睿这么聪明，只要肯努力，进入你们班前三名肯定没问题呀！怎么样，努力给舅舅看看好不好？"睿睿如释重负，郑重地点了点头，那年期末考试，睿睿果然考了第二名。

成绩差的孩子更需要家长的安慰和鼓励。父母应适时地帮助孩子从失败和挫折中总结教训，在哪里跌倒就从哪里爬起来。这样才能使孩子重建信心，振作精神。

（3）给孩子找个榜样。晓阳是个可爱的小女孩，她爱唱歌、爱跳舞，就是不爱学习！晓阳父母为此很是发愁。后来，晓阳妈妈在与老师多次沟通后，终于想出了一个办法：她请老师帮忙，把班上的学习委员琳琳调到了晓阳同桌的座位上。这下好了，晓阳有了这么一个优秀的同桌，她自己也觉得有点羞愧，同时也激起了女孩的竞争意识。

和琳琳同桌以后，晓阳经常向对方请教学习方法，好在琳琳也是个热心肠，很乐于当这个小老师。慢慢地，晓阳对学习不再那么抵触了，她发现，原来学习也是挺有趣的。

终于，一次考试，晓阳考了个史无前例的第五名。晓阳在看到成绩时禁不住抱着琳琳欢呼起来："我终于考进前五名了。"从此，晓阳和琳琳更是成了无话不谈、形影不离的好朋友。

榜样的力量是无穷的，如果你多鼓励孩子和成绩优秀的同学交朋友，从他们身上学习好的方法和思路，时间一长，孩子自然就会受其影响，改变厌学的态度。如果这个同学碰巧是孩子喜欢的人，那就更好了，这样将对他的影响更大。

妈妈们应该明白，诱导、鼓励的力量远远大于批评和指责。当你要发火时不妨忍一忍，换一种方式看，也许你会给孩子和你自己一个惊喜。

改变厌学心理，妈妈三心不可少其一

薇薇有个怪癖，就是别人一催促她或者站在她背后，她就感觉节奏被打乱，工作效率下降。细问之下，发现薇薇的妈妈是个非常急躁的人，而薇薇则是个稳性子，薇薇的童年就在母亲的"催促"中度过的。

平时，小学生4点钟就放学了，薇薇到家5点钟左右。妈妈要求薇薇必须在六点半之前完成作业，可薇薇经常要写到7点多，有时甚至要写到8点钟，因为她写得很认真。妈妈看到薇薇这个样子，又对比邻居妞妞的情况，觉得薇薇贪玩，写作业不专心，于是决定好好监督她，让她改过来。后来，放学一到家，妈妈就追问薇薇作业是什么，盘算作业量。薇薇正兴奋地跟妈妈分享学校里发生的事情，但妈妈根本没心思听，只是催促她快点写作业。薇薇饿了，跟妈妈说，妈妈不耐烦地吼了起来："我叫你快点写作业，你没听见吗？不写完不准吃饭！"

薇薇愣住了，一时还搞不清状况，不知道自己做错了什么，为什么妈妈要对她发这么大脾气。她被吓住了，很害怕，心里很难受，虽然坐到书桌前，但根本没心情写作业。

过了一会儿，妈妈偷偷观察薇薇，发现她只是摊开了作业本，在那里呆坐着只字未写。妈妈的火更大了，大声质问："为什么不写作业？走什么神呢？"薇薇不说话，委屈地看着妈妈。妈妈再一次逼问："我问你话呢，怎么不回答，你是哑巴吗？"薇薇终于忍不住了，"哇"地一声大哭起来。妈妈觉得很崩溃，失望地说："完蛋孩子，你爱怎么样就怎么样吧，我不想管你了！"遂不再理薇薇。

薇薇哭了一会儿就不哭了，一个人坐在那里发呆，妈妈看到她这个状态，心有不忍，好说歹说把她拉去吃饭了。饭桌上，妈妈告诉薇薇："以后你写作业快一点，你快点写完我当然不会冲你发脾气了……"薇薇连着答应了几声"哦"，没再说别的。妈妈觉得还比较满意，好像自己的话孩子终于听进去了。

然而，效果并不理想，薇薇并没有快多少，作业还总是出错，并且形成了那个只要别人站在身后一催，节奏就被打乱的心理障碍。

一般来讲，当家长发现孩子学习状况不佳时，通常会非常失望、恼怒，进而斥责孩子，逼孩子努力学习。然而，教育学家发现，这样做效果通常并不好，孩子如果不是真心想学，那么再逼他也是没有用的。家长只有以爱心、耐心、细心、恒心来帮助孩子，关爱孩子，才能点燃孩子心头的希望之火，让孩子重建上进心。

"妈妈，我今天不想去上学了！"8岁的川川这样对妈妈说。

"为什么呢？上学有什么不好吗？"

"我就是不想上学，不想去！"川川仍然坚持自己的意见。

"不可以！哪有小孩子无缘无故不上学的道理。"川川妈妈立场坚定，绝不答应孩子的无理要求。过了一会儿，妈妈又问川川："川川，你是不是身体哪里不舒服？还是和同学闹别扭了？"

"没有呀！我就是不想上学。"川川很诚实地回答妈妈。

"那好吧，你给妈妈一个理由，如果妈妈认为你有道理，妈妈再考虑你的要求。"妈妈这样回答川川。

上学的时间就要到了，妈妈仍耐心地等待着川川的"理由"。最终，川川支支吾吾地对妈妈说："妈妈，我没有理由，我明天给你理由行吗？"

"你明天给妈妈理由，那妈妈就明天再考虑你的要求，但今天你必须去上学！时间到了，我们出发吧。"

在送川川去学校的路上，妈妈给川川讲了"凿壁借光"的故事……

大家看，川川妈妈真是个懂得教育孩子的好妈妈。

我们之所以说川川妈妈是一个懂得教育孩子的好妈妈，是因为她面对川川的厌学情绪时，保持了足够的耐心，细心引导，处理得既合情合理，又达到了教育孩子的目的。假如，川川妈妈换一种教育方式，比如说："你不想上学？你咋不上天呢！不上学你想干啥？小小年纪就不学习，等你长大了，还有什么出息？"这样教育（辱骂）孩子，会收到什么效果呢？很多孩子会因此变得更加厌恶学习。

其实，厌学的孩子在心理上一般都比较脆弱，所以更希望得到别人的关怀和理解。因此，当熊孩子厌学时，妈妈应当多给孩子一些关怀和帮助，少一点冷语和斥责。对待厌学的孩子，我们起码应该持有以下三种态度：

（1）有爱心。我们常听到有些父母这样抱怨自己的孩子："这么不争气，养你有什么用？""上学有什么不好？这样不爱学习的孩子扔掉算了！"也许这些都是气话，但孩子会很容易当真，而且从另一个侧面，这也反映出许多家长的一种心态——对孩子的爱不是无条件的，而是有条件的，至少需要孩子用听话、爱学习来交换。这实在是一种不科学的主观想法。要想改变孩子的厌学情绪，付出爱心是基本的要素之一。家长对孩子的爱是发自内心的，是无私的、不求回报的，重要的是，能让孩子感受到父母给予的爱，并为这种爱而感动、行动。

（2）有耐心。生活中，一些家长常常因孩子不爱学习而斥责和打骂自己的孩子，多数原因就是家长在实施教育的时候缺乏耐心。他们常常因为孩子不能一下子领会自己的意图，不爱做功课，就火冒三丈，大声斥骂，甚至体罚孩子。这种没有耐心的教育方法不仅起不到促进孩子爱学习的效果，相反还会使孩子产生自暴自弃和逆反心理，久而久之，更会影响亲子关系。家长一定要明白，改变孩子的厌学情绪不是一件容易的事情，不能有半点儿急躁心理，也没有任何捷径可走。因此，父母需要有很好的耐心，要耐心地教育孩子，耐心地陪孩子玩，耐心地为他讲道理，耐心地听他说……

（3）有恒心。改变孩子的厌学情绪，对家长来说是一项长期而艰巨的任务。家长一定要有恒心，要坚持不懈地朝着既定目标对孩子进行培养和教育，绝不能"三天打鱼，两天晒网"，更不能碰到困难就轻言放弃。

9 岁的强尼是个调皮的孩子，最喜欢玩游戏，却讨厌学习。老师常常给强尼的父母打电话："强尼又逃课了！你们快管管吧！"强尼的父亲生气地说："这样的坏孩子不要管他算了！"但强尼的母亲却认为天下没有管不好的小孩子，所以一定要好好教育强尼。有一次，妈妈和强尼谈了整整一个下午，强尼向妈妈保证，以后再也不逃学了，强尼的父母都觉得很欣慰。然而，还没过两天，强尼的老师又打来了电话："强尼又不见了！"当天晚上强尼很晚才回家，父母正坐在客厅里等他，他害怕极了，但父母却只是温和地招呼他吃饭，饭后又询问他没去上学的原因。强尼突然哭了起来："我以为对我这样的坏孩子，你们一定讨厌极了，你们一定会放弃我了，可你们为什么还关心我呢？"强尼再一次保证以后决不逃学，而这一次他做到了，强尼的父母再也没接到过老师的电话。等到了四年级的时候，强尼已经成为一个成绩很优秀的学生了。

懂教育的家长在教育孩子的时候，都有长期的计划和安排，他们深深懂得"只要功夫深，铁杵磨成针"的道理，因而绝不轻易放弃孩子，而他们的恒心、他们的坚持最终也改变了孩子。

要诱导孩子爱学习，父母首先就要把握好自己的态度，只有让孩子感受到家的温暖和父母的关心，孩子才能逐渐地克服和改正他的厌学情绪和厌学行为。

妈妈会刺激，学习也能变兴趣

铭铭是一个让老师头疼、让父母抓狂的问题少年。

他作弊、逃课、流连网吧，还因为打架被记过两次，人生中的第一次关键时刻——中考，铭铭大概是没戏了。

认识铭铭的人都说，这孩子聪明得很，就是因为不喜欢学习，才变得如此吊儿郎当。

铭铭妈妈为了不让熊孩子输在人生的起跑线上，从铭铭上一年级起就给他报辅导班、兴趣班，给他请家教，可铭铭反而对读书越来越没兴趣。爸爸妈妈从最初的晓之以理、动之以情，到后来的又打又骂，能用的方式几乎都用尽了，可仍然一点用也没有。

　　对于铭铭，他的父母几乎放弃了，因为他们实在不知道用什么方法才能让他爱上学习。

　　学习是为了让孩子将来成为一个有用的人，说的现实一点，更是为了让孩子成为一个有出息的人。毕竟，对于大多数普通人家的孩子来说，学习是他们进入社会精英层的最佳通道，所以父母特别关注孩子的学习，也是人之常理。

　　正是因为这种深度的关切，很多父母如同打了"鸡血"一般，他们强迫孩子学习他们认为应该学的东西，紧盯着孩子的学习任务，从一开始就把孩子的童年塞得满满的。孩子稍有反抗，表示对他们的安排不感兴趣，他们就极度焦虑、失望、恼怒，使出父母权威，逼迫孩子去学习。

　　然而，这样做的效果通常并不好，如果孩子不是真心想学，那么你再逼他也是没有用的。孩子能否学出成绩，关键要看他是否对所学的东西感兴趣。

　　新学期开始了，妈妈又开始忙着为吉吉落实兴趣班的报名事宜了。

　　上学期，鉴于幼儿园的特色及吉吉的意愿，妈妈替他报了绘画班和音乐班。而后，吉吉时常表现出对跆拳道的兴趣。于是，妈妈一早就答应他，新学期开学以后，就为他报跆拳道班。不过，在前不久聊天中，吉吉已经流露出对音乐班的排斥。妈妈很是纳闷，孩子以前很喜欢唱歌啊，有事没事就来两句，老师也反映他唱的不错，怎么突然就不想学了呢？

　　于是，吉吉妈妈问吉吉："吉吉，能不能告诉妈妈，你为什么不想学音乐？给妈妈个理由好不好？"

"我觉得唱歌傻乎乎的！"小家伙语出惊人。

吉吉妈妈尴尬地说不出话来。

开学以后，吉吉妈妈专门就此事与老师进行了沟通。因为吉吉之前的确是很喜欢唱歌的，吉吉妈妈觉得有必要再听取一下老师的建议。

老师的一番话解开了吉吉妈妈心中的困惑。她也觉得吉吉现在没有必要参加音乐班，因为那里大班孩子比较多，在一起上课时他们的声音压过了小班孩子。在这种情况下，孩子得不到表现的机会，自然会感觉到失落，同时也难以融入其中，又怎么能感受到其中的乐趣呢？不像在自己班里，吉吉唱得眉飞色舞的。

一番简单的沟通，吉吉妈妈顿时茅塞顿开，毫不犹豫地放弃了音乐班。

我们应该为吉吉感到庆幸，因为他的妈妈不仅乐于去倾听他的心声，而且也着实放在心头重视了。

"兴趣"是人的认识活动所需要的情绪表现，如表现在人们认识事物过程中的良好情趣上。一个人对某一事物有兴趣，他才愿意更深入、更多地去认识对他有意义的这个事物。

我们应该明白，每一个孩子都有自己的性格特征、兴趣爱好，妈妈必须善于发现和引导，一旦孩子对某事物产生了兴趣，强烈的求知欲就会促使他主动去学习，效果事半而功倍。

那么问题来了，兴趣是怎样形成的呢？是天生的还是后天培养的？我们能不能使学习成为孩子的一种兴趣，让熊孩子从此爱上学习呢？

兴趣在心理学上的定义是：人们力求认识某种事物和从事某项活动的意识倾向，它表现为人们对某件事物、某项活动的选择性态度和积极的情绪反应。

通俗来讲，就是一件事情能够给你带来积极的、愉悦的感受，我们就会乐此不疲，并且会尽可能寻找机会，使这种愉悦体验再次发生；相反，如果一件事情带给你的是消极的、痛苦的感受，我们的潜意识就会拒绝再次触碰。

兴趣的产生开始于人们对于一件事情的初始体验，是可以人为培养的，所以，我们完全有办法刺激孩子产生愉悦的学习体验，引导孩子爱上学习。

（1）玩出学习兴趣。妈妈们可以在孩子的学习中加入游戏元素，将趣味游戏代入学习中，弱化乃至消除孩子对于学习的抵触心理。比如，可以让孩子和他的兄弟姐妹或是同学伙伴相互找错，比比谁更厉害、更仔细，这样孩子玩着玩着就会喜欢上学习了。

（2）刺激学习兴趣。俗话说"亲身下河知深浅，亲口尝梨知酸甜"。我们可以通过角色扮演，妈妈和孩子角色互换，或者妈妈和孩子轮流扮演老师，让孩子亲身体验妈妈、老师教育孩子时的切身感受，激发学习意识，使孩子主动学习并逐渐喜欢上学习。

（3）给予正向反馈。在学习方面，只要孩子取得了进步，妈妈一定要给予及时表扬，即使孩子成绩不理想，我们也一定能够找到值得表扬的地方。当孩子考试遭遇滑铁卢，更要及时鼓励，帮助孩子迅速走出失败的阴影，化沮丧为力量。

（4）制造有效竞争。竞争是残酷的、无情的，但积极的竞争可以极大地激发人的潜力。妈妈们可以给孩子树立一个潜在的竞争对象，促使孩子和对方"较着劲"学习。当然，这个竞争的方向妈妈一定要帮孩子把握好，要及时纠正孩子的不当想法，要正向竞争而不要妒火中烧。

另外，妈妈也不要一直拿孩子与别人家优秀的孩子做比较，以己之短比人之长，有意无意伤害孩子的自尊心。如果要比，我们还是多拿孩子的过去和现在做比较，让孩子亲眼看到自己的进步，激发孩子内在的学习兴趣。

（5）给予适当奖励。人都是有欲望的，孩子也一样。妈妈可以通过物质奖励调动孩子的学习兴趣，使之为了满足欲望对学习产生兴趣。但是，物质奖励一定要注意一个度，不要把孩子变成物质小孩儿，妈妈不给奖励，孩子就不学习了。

总之，妈妈在培养孩子学习兴趣时，切忌粗暴干涉、硬性强制或教条主义，应根据孩子的年龄特点和心理特点，以参与者的身份、商量的口吻、生动有趣的方式、和蔼的态度出现在孩子的面前，使孩子感到亲切，心情愉快，这种心理效应对于激发和培养孩子的学习兴趣具有非常大的作用。

多给一点欣赏，孩子自发上扬

一位年轻妈妈沮丧地找到儿子的老师。"老师，您帮我好好管管小伟吧！他怎么这么不争气啊！成绩差不说，还说谎、逃课、泡网吧。我从来就没见过这么差劲的熊孩子！这样下去我还有什么指望啊！"

老师惊讶地看着这位母亲："你就是这样看待自己孩子的吗？怪不得小伟的表现越来越糟糕。"

说完这句话，老师随手拿起一张被墨水涂脏了一块的白纸，问道："你看到了什么？"

"什么？"年轻妈妈不明所以，"不就是一块墨点吗？"

老师笑了："为什么你就只看见了墨点没看见这张白纸呢？在这张纸上，脏了的只是一小块，其他的地方还是雪白的呀！这就和我们看待孩子一样，你眼中的小伟成绩差、爱说谎、不听话，这是他的缺点，可他还有更多的优点呢！他善良、聪明、会画画、动手能力强、热心……"

年轻妈妈有些愣住了，她从来不知道自己的孩子竟然有这么多优点。

生活中，很多父母总是盯着孩子的缺点和错误不放，就如同只看到墨点而看不到大张的白纸，这种情形对教育孩子是极为不利的。因为家长只看到缺点，就会不停地斥责孩子，责令孩子改正。而儿童心理学家告诉我们，孩子是越骂越糟，越夸越好的。只有运用"赏识"的手段，发现孩子的优点，肯定孩子的优点，才能帮助孩子克服缺点，不断进步。

美国纽约的贫民窟环境肮脏、充满暴力，而在这儿出生的孩子耳濡目染，他们从小逃学、打架、偷窃甚至吸毒，长大后很少有人从事体面的职业。然而，这里却诞生了美国纽约州历史上第一位非洲裔美国人州长。

罗杰·罗尔斯就是那个创造奇迹的孩子。罗杰·罗尔斯读小学时是个非常调皮的孩子，就像他的同学一样。他们不与老师合作，旷课、斗殴，甚至砸烂教室的黑板。老师、校长想过很多办法来引导他们，但是仍没有用。

这一年，小学来了新的董事兼校长——皮尔·保罗。皮尔·保罗想尽办法来改变这些孩子们，他发现这些孩子都很迷信，于是在他上课的时候就多了一项内容——给学生看手相，他试图用这个办法来激励学生。

轮到罗尔斯时，皮尔·保罗校长说："我一看你修长的手指就知道，将来你是纽约州的州长。"幼小的罗尔斯大吃一惊，因为长这么大，除了奶奶说过他可以成为五吨重小船的船长外，从来没有人相信他今后能有什么成就。而这一次，皮尔·保罗先生竟说他可以成为纽约州的州长。他记下了这句话，并且相信了它。

从那天起，"纽约州州长"就像一面旗帜，引导罗尔斯在此后的 40 多年间按州长的身份要求自己。罗尔斯的衣服不再沾满泥土，说话时也不再夹杂污言秽语，罗尔斯不再逃课、不再与老师作对。他开始挺直腰杆走路，他开始努力学习知识……终于在 51 岁那年，他成了纽约州的州长。

在就职的记者招待会上，面对记者对他为什么能取得如此成就的疑问时，罗尔斯只说了一个名字：皮尔·保罗。

按照中国"近朱者赤，近墨者黑"的说法，罗尔斯确实创造了一个奇迹。而这个故事也再次印证了赏识教育法中的一个观点：赏识可以帮助一个人获得成功。

强者来自父母的不断赞美。做父母的应该勇于承认差异，并鼓励孩子逐步缩小差异，而不是一味抱怨孩子这不好那不行，这对孩子有百害而无一益，往往会把原本活泼可爱的孩子变成没有理想、没有志气、庸庸碌碌过一生的人。

心理学家的研究表明，部分父母之所以蔑视孩子，认为自己的孩子"不是那块料"，实际上是自己没有识才的眼光与水平。自卑的父母都望子成才，只是由于不懂如何激励孩子，甚至不相信自己能育子成才，因而就用"不是那块料"的恶棒，把自己与子女都毁掉了。要知道，即使是荆山之玉，尽管很美，也需要识别、雕琢，否则也不会成材的。

当你在责骂孩子时，你就是在向他不断施加心理暗示：你不行的，你不会成功的。试想一下，幼小的心灵怎能抵得过这样的"咒语"，在这样的情况下，孩子不变成庸才才怪。相反，如果你能常常热情地鼓励孩子，孩子就会下意识地按照父母的评价调整自己的行为，直到达到父母的期望为止。

当然，鼓励、夸奖也要运用得恰如其分，无限地夸大也是不妥的，赏识要有多少说多少。因此，我们给家长们提出如下建议：

（1）用赏识的眼光观察孩子。在日常生活中，妈妈请务必注意孩子的行为举止、好恶，在他与别人玩耍、交谈、阅读时观察他，你就会发现你的孩子虽不爱弹琴却喜欢绘画，虽没耐心却有创意，虽不善言辞却很热心，总有他优秀的一面，记下孩子的性格倾向，从而诱导他。

当妈妈用赏识的眼光来看待自己的孩子时，你会发现他们魅力四射。

（2）创造机会鼓励孩子。赏识不是停留在口头上的赞美，而是一种行动，妈妈们应多给孩子创造发挥他们才智的机会。比如，家里人过生日时，鼓励孩子们表演节目；每周一个晚上轮流朗诵短文并发表心得；每月办一次派对，邀请孩子的朋友参加，每人献出一个"绝活儿"……

此外，随时找机会让孩子帮你忙，洗碗、拖地、收衣服……越做越有信心，孩子才不会退缩在自卑自闭的角落里。

（3）多给孩子一点时间。赏识就是一种宽容，既然给孩子机会，就需耐心等待孩子发挥潜力。有些妈妈嫌孩子做不好事情，干脆自己来，孩子也乐得坐享其成，而让自己的"天资"睡着了。另有一些妈妈，当孩子一时达不到自己的要求时，就一味地指责、批评，孩子的潜能就被压抑住了。

利用逆反心理，刺激学习动力

婉婉在学习钢琴一年以后，渐渐对钢琴失去了兴趣，开始懈怠练习，大有放弃的趋势。

这个时候，婉婉妈妈做出了一个惊人之举——她高调地买来了一架很高级的钢琴，直接放在自己的房间里，并明确告诉女儿：不许碰它！

婉婉一听就不乐意了，马上抗议道："你买钢琴不就是给我学习用的吗？为什么不让我碰？你坏得很。"

妈妈反唇相讥："谁说钢琴是给你买的？你又不练，碰它干啥？你妈我自己挣的钱，买来当摆件，就图好看不行吗？"

"谁说我不练了？"婉婉气坏了，信誓旦旦地表示："老妈你等着，我一定能把钢琴练好，让你刮目相看！"

从那以后，婉婉再也没有懈怠过，钢琴水平也一天天精进起来。

一些妈妈常为孩子的逆反心理而头疼不已，有逆反心的孩子总是和家长作对，越不让他做的事情他越要做。其实，这种逆反心理也不完全是坏事，大家看，婉婉妈妈不就是利用孩子的逆反心理，达到了自己的教育目的吗？

逆反心理在心智尚未成熟、年纪较小的孩子身上表现得更为突出，如果父母善于利用孩子的逆反心理，则可对他们的学习发挥更大的作用。对于孩子来说，反抗就是反抗，根本不必有什么道理，这就是孩子的心理模式。然而，父母们平时一般却都不停地要求孩子"好好学习"。那么，结果如何呢？不但孩子的厌学情绪丝毫没有得到改善，可能还会激发孩子们的反叛心理。

在纠正孩子厌学情绪的时候，这种巧用逆反心理是非常有效的。试试看，把平时高举的"好好学习"的标语改换成"不许学习"，甚至可以故意刺激孩子："既然你不喜欢学习，那就不要学习好了。"那么，孩子一定会说"为什么呀？我偏要学习给你看"，于是他可能就主动积极地坐到书桌前面了。

有一位数学老师，他发现自己的学生很不喜欢看教科书，认为教科书太枯燥、太无趣了。这臭毛病，得治！

于是，数学老师就布置了一项课后作业——一道很有难度的证明题，并要求学生们，不许看教科书第 45 页的定理。

结果，大部分熊孩子都偷看了这个定理，然后才证明出了那道题。这么搞了几次以后，很多学生都养成了看教科书的习惯。

还有一位老师，她班里有个学生非常聪明，但意志力很差，一遇到难题就打退堂鼓。于是，这位老师出了十道很有难度的题让全班同学回家解答，私下里却对那位学生说："这些题难度很大，老师知道这对你来说很困难，你要是实在答不出来的话，可以不做的。"

这位学生有点不高兴了，心想："老师这不是看不起我吗？"他由此升腾起一股前所未有的好胜心，结果，他成了全班唯一全对的学生，并在同学们不可置信的目光中自豪地接受了老师的表扬。

打这以后，这位学生经常主动向老师要难题，学习也变得越来越刻苦了。

逆反心理人人都有，是人性所在，只是轻重不同。面对厌学又难管的孩子，妈妈们不妨也利用逆反心理去刺激他，比如你希望孩子去学习，但偏偏不许他去学，孩子为了"反抗"，就一定会乖乖地钻进你设的"圈套"里。

下面举出两种利用孩子逆反心理的方法，妈妈们不妨一试。

（1）学习计划开始前，先让孩子远离学习。日本有一家鞋业公司经常研制出新颖美观的鞋子。这是因为他们有一项半强制性的规定：连续工作三年的员工休假两个星期，在休假期间不许考虑任何与工作有关的问题。据说，休假的员工大约过了一个星期之后就特别想工作。事实上，公司老板的用意也正在这里，让员工们在这种远离工作的饥渴状态下重新接触工作，从而产生更多新鲜的创意。

家长在对孩子开始执行学习计划的时候，让孩子在一段时间内完全远离书本，也是一个好办法。刚开始的时候，孩子多半会很轻松惬意地玩耍，但不久他们就会感到不安，同时对学习的饥渴欲求越来越强烈，甚至会自己主动提出来要学习，这时再允许他们学习。由于对知识如饥似渴，孩子一定会非常认真，把全部精力投入学习当中。

（2）用"不许你上学"代替"不然就送你上学"。前文已经说过了，运用逆反心理刺激孩子，对越小的孩子越有效。知道了这一点后，妈妈们在孩子年幼的时候，就可以运用此计来激发孩子对学习的渴望。

佐佐是个淘气的男孩子，几乎没有一天不惹祸。妈妈为了教训他，就常对他说："佐佐，你要是再敢淘气，妈妈就送你去上学，让老师管你，看你怎么办！"

佐佐 5 岁时，父母决定将孩子送去幼儿园，没想到佐佐说什么也不肯去，哭得满地打滚，妈妈只好把他带回家。这时，佐佐妈开始反省自己的行为，觉察到是自己的错误言行给孩子带来了负面影响，并决定改变策略。

这以后，佐佐妈在路上看见上学的小朋友时就故意大声说："看！这个小朋友一定是又听话、又聪明才被送去上学的，因为他在学校里可以学到那么多东西！"

佐佐再不听话的时候，妈妈就会说："好吧！你尽管不听话好了，妈妈一定不许你上学！"这样过了一段时间，佐佐开始缠着妈妈买书包，一定要去上学。

如果你的孩子不愿意去上学的话，那么不妨用这个方法试试，当你说"不许你上学"时，孩子就一定会把上学看成一件非常神圣的事，而一定要去做，这条计策对于矫治年幼孩子的厌学来说是非常有效的。

需要提醒妈妈们的是，利用逆反心理矫治孩子厌学时，应该掌握一个度，如果太过激烈可能会使孩子灰心丧气，因而具体运用时，不能操之过急。

妙用配套心理，让心虚使娃进步

晓首从幼儿园开始学习硬笔书法，所以较其他同学而言，他的字在班里是数一数二的。

但是，晓首答试卷、写作业的时候一点也不认真，字写得龙飞凤舞，那叫一个狂乱。为此，妈妈没少批评他，可他小主意正得很——你只管批评你的，我只管狂草我的。

二年级的时候，一次学校举办书法比赛，妈妈和老师沟通了一下，给晓首报了名。晓首慌了："老妈，你是不是想让我丢人现眼？"

放学后，晓首赶紧让妈妈领着自己去买比赛专业用纸和笔，选了一篇极好的文章，一字一字，工工整整、认认真真地写了起来。后来，这篇书法作品在校园比赛中获得了三等奖。

打这以后，妈妈突然发现，晓首考试、写作业的态度认真了。妈妈也很诧异：究竟是什么，让熊孩子突然转变了？

晓首有点不好意思地表示："老妈，拜你所赐，现在全年级都知道我学过书法了，还知道我参加比赛得了奖。我要是再不好好写字，还不得被他们笑话死！"

晓首妈妈得意地笑了，没想到自己这"无心插柳"，还治好了这熊孩子的臭毛病。

晓首在参加书法比赛后的转变，受益于一种"配套心理"——他害怕老师和同学认为自己名不副实，因而努力让自己的行为配得上自己的"名声"。

"配套心理"又称作"狄德罗效应"。这里还有一个故事：有一天，朋友送给法国哲学家狄德罗一件非常高端大气上档次的睡袍。狄德罗穿着这件很贵、很奢侈的睡袍在书房里晃悠的时候，突然觉得自己书房的糟糕环境和这件睡袍很不匹配，那些书柜、办公桌简直太破旧了，地毯一看就是廉价货……为了让自己的档次配得上身上的睡袍，狄德罗决定——将书房彻底翻新！

其实，生活中我们也经常有这样的体验：当我们拥有了某一件上档次的新物品以后，我们心里总会"欲求不满"，多半要继续配置与其相匹配的物品，才能达到心理满足，这其实就是"配套心理"。

当孩子在学习面前很佛系时，妈妈们其实也可以利用"配套心理"，来提升孩子内心对于自己的要求，潜移默化中使孩子自动自觉地精进自己。

瑞瑞在学校很出名，大家公认：这娃学习、人品都不行。

对此，瑞瑞也不在乎：咱走自己的路，让别人说去呗！

于是，旷课成了瑞瑞的家常便饭，不做作业更是司空见惯，一言不合就和同学拳脚相见。但是，瑞瑞也有优秀的地方——体能优良，体育成绩一直不错。新上任的班主任陈老师正是抓住这一优点，彻底改变了瑞瑞。

　　陈老师一上任就任命瑞瑞为体育委员，并私下联系瑞瑞父母，希望他们可以对他多加鼓励，大家一起帮助瑞瑞取得进步。

　　接着，瑞瑞身上发生了明显的变化——过去吊儿郎当的态度一点点消失不见了，对班级工作表现出了前所未有的认真负责。陈老师趁热打铁，不失时机地对瑞瑞给予表扬，并给各科任课老师打招呼，让他们帮着在小事上找机会表扬瑞瑞。

　　一个学期下来，瑞瑞洗心革面了，学习认真了，团结同学了，并且知道自己制订学习规划了，一个全新的、上进的、阳光的瑞瑞，就这样被陈老师捧到了大家面前。

　　瑞瑞虽然知道了努力学习，但他对英语着实不太感兴趣，所以成绩一直差强人意，因为这个，还险些与重点高中失之交臂。

　　升入高一以后，瑞瑞妈妈找到了英语老师，把瑞瑞当年的故事以及他英语差的事实一一告知，并请求老师可以让瑞瑞担任英语课代表，再给他一个自主精进的机会。军训结束后，当班主任宣布各科课代表名单时，瑞瑞简直莫名其妙，但更多的是心虚。于是，为了让自己名副其实，瑞瑞只好时时处处以英语课代表的身份来要求自己，那叫一个努力学习。一个学期下来，当初最弱的英语却成了瑞瑞的优势科目。

　　这就是"配套心理"在教育中的奇妙应用：你把孩子捧到一个较高的位置，他就会以这个位置的标准来要求自己，使自己在这个位置上看起来合情合理。

　　事实上，当我们肯定孩子某一方面的价值时，孩子的心里都会生出一些虚荣感，但随之而来的，往往是一种心虚感：
"我还没那么优秀啊，我如果做不好该有多丢人啊！"于是，
为了匹配自己的虚荣感，他们就会自觉努力，让自己达到自己
的预期。

不过，孩子毕竟是孩子，有时候决心、意志力、韧劲儿还
不够强大，这就需要妈妈们的不断鼓励和支持了。

为孩子创造自信，陪孩子拼搏上进

有一个男孩，天生视力不好，看什么东西都要放到鼻子附
近才能看得清，自己本身就很痛苦。结果他的妈妈见状，总是
气不打一处来，有时就骂他："什么东西都要拿到鼻子底下去
闻，睁眼瞎！"

孩子受此大辱，心中更是悲愤和痛苦，常常一个人躲在角
落里痛哭。

这个男孩不仅视力不好，脑子也不算聪明，但是性格倔
强，自尊心很强。

他的弟弟与他全然不同，圆脸大眼，一副聪明相。两人
在一个学校读书，哥哥原比弟弟高两年级，后因功课一直学
不好，三年内降了两级与弟弟同班。也许正是由于他读书成
绩不行，长得又没有弟弟好看，所以母亲对他越来越厌嫌，

每次看到他考了低分，就会情不自禁地抱怨起来："我怎么会生出你这么一个笨蛋！

这个男孩虽然不聪明，但是好话坏话他听得懂。他因此对自己完全失去了信心，再加上在家中得不到父母的疼爱，他初二那年突然离家出走，多年以来渺无音讯……

父母的一句话，会对孩子产生莫大影响，有时甚至能够决定孩子的人生走向。我们常听到的"你怎么这么笨""你的脑筋真差劲"，这些话语的副作用很大，会使孩子自认为"脑筋差劲"，于是心灰意懒，什么事都不想做，更不想读书，对学习完全失去信心，厌学情绪因而在心中蔓延。

相反，如果父母告诉孩子"你是最棒的"，那么孩子就一定会相信自己是有前途的，随之变得更加自信、自强。因此，即便你的孩子不那么优秀，作为母亲，你不妨也给孩子一个善意的谎言，把你的孩子说成天才，让他们在各方面都取得异乎寻常的进步。

一位年轻妈妈第一次参加家长会，她满怀期待，老师会怎样评价自己的孩子呢？

左等右等，终于轮到她了，幼儿园老师单独对她说："你儿子可能有多动症，在板凳上连三分钟都坐不住，你最好带他去医院看一下。"

回家的路上，儿子高兴地问妈妈："老师都说我什么了？"

她心里很不是滋味，因为全班30个小朋友，她的儿子表现最差，唯有对她的儿子，老师的评价不那么友好。然而，她还是告诉儿子："老师表扬你了，说宝宝原来在板凳上坐不了一分钟，现在能坐三分钟。其他家长都非常羡慕妈妈，因为全班只有宝宝进步了。"

那天晚上，孩子破天荒地吃了一大碗米饭，并且没让妈妈喂。

转眼孩子上了小学。家长会上，老师说："这次数学考试，全班45名同学，你儿子排第43名，而且他的反应奇慢，我们怀疑他智力上可能有些障碍，您最好能带他去医院查一查。"

回家的路上，她坐在街心的长椅上偷偷擦拭眼泪。然而，当她回到家里，却对坐在桌前的儿子说："老师对你充满信心。他说了，你并不是个笨孩子，只是有点马虎，要是能细心些，会超过你的同桌，这次你的同桌排在第21名。"

说这话时，她发现儿子黯淡的眼神一下子充满了光，沮丧的脸也一下子舒展开来。她甚至发现，儿子好像长大了许多。第二天上学，孩子也没用妈妈叫他起床。

孩子上了初中，初三时，她又去参加儿子的家长会。她坐在儿子的座位上，等着老师点儿子的名字，因为每次家长会，儿子的名字在学困生的行列中总是被点到。然而，这次却出乎她的意料——直到家长会结束，她都没有听到。她有些不习惯，临别时特意去问老师，老师告诉她："按你儿子现在的成绩，考重点高中有点危险。"

她怀着惊喜的心情走出校门，此时她发现儿子在等她。路上她挽着儿子的胳膊，心里有一种说不出的骄傲，她告诉儿子："老师对你非常满意，他说了，只要你努力，就一定能考上重点高中。"

后来，儿子从重点高中毕业了。第一批大学录取通知书发放时，学校打电话让她儿子到学校去一趟。她有一种预感——儿子被浙江大学录取了，因为在报考时，她对儿子说过，她相信他能考上这所国内一流大学。

儿子从学校回来，把一封印有"浙江大学招生办公室"的特快专递交到她的手里，突然转身跑到自己的房间里大哭起来，边哭边说："妈妈，我知道我不是个聪明的孩子，可是，这个世界上只有你能欣赏我……"

这时，她悲喜交加，再也按捺不住十几年来凝聚在心中的泪水，任它打在手中的信封上……

没有一个孩子会在批评贬低声中对学习产生兴趣。这位伟大的母亲一直在"骗"自己的孩子。然而，她善意的谎言却给她的孩子带来了信心和勇气，年幼的孩子相信了妈妈的话，妈妈一直都在用语言、用行动暗示他："你是最棒的孩子！"

其实，每一个孩子都可能成为精英，但一个孩子到底能不能成为精英，取决于家长能不能像对待精英一样爱他、欣赏他、教育他，能不能给他一种"我是精英"的感觉。

聪明的孩子人人喜爱，爱天资不高的孩子才是真正的爱。赏识和喜爱优秀的孩子，每位家长都能够轻易做到，但是，众人口中所谓的好孩子，毕竟只有一小部分，而更多的孩子，则属于普通孩子，甚至是顽劣的熊孩子。事实上，对于那些没有达到父母预期的熊孩子，关爱才是真正的雪中送炭，他们更需要格外精心的关爱和呵护。

如果你的家中凑巧拥有这样一位熊孩子，你就必须更多地激励他，让他相信，自己就是最出色的那个。因为，他相信自己能够成为什么样的人，他就有很大概率成为什么样的人。

Chapter 6

调整你的清规戒律，
不强制，熊孩子才能不叛逆

用简单粗暴的方式去解决教育问题，最后往往演变成亲子争高低的僵局，成事不足，败事有余。

不要让自己和孩子陷入这种僵局，因为最后无论谁举起白旗，本质上都是伤人伤己——在亲子关系中，不能双赢，就是双输之局。因此，一旦发觉自己想和孩子争个高低，发现自己想强制孩子遵守你定下的所谓规矩，请马上做个深呼吸，告诉自己：这样不可以。

为啥你给孩子定规矩，孩子嗤之以鼻

有一位妈妈，平时挂在口头上的一句话就是"树大自然直，孩子不用管"。

她的孩子从小聪明伶俐，于是这位妈妈更是认为，自己的孩子天生聪慧，无须管教也能出人头地。

后来，孩子迷上电子游戏，上学逃课，老师要求家长批评教育孩子，但这位妈妈却毫不重视。结果，孩子的学习成绩一落千丈，只好留级一年。此时她才恍然醒悟，以后再也不说"树大自然直"了。

俗话说得好，没有规矩，不成方圆。一个人如果完全脱离了规矩限制，就会彻底放飞自我。原生家庭的民主和自由是必须有的，但又必须是相对的，相对的民主与自由才能划定孩子的是非界限，使他们在成长的路上不至于跑偏。

然而，令人头疼欲裂的是，有时我们绞尽脑汁给孩子量身定制的善意条款，熊孩子们一言不合就推翻，完全不管我们伤心不伤心，上火不上火，这究竟是为什么呢？

因为任何一个人做任何一个行为，在他自己看来都有绝对的理由。

孩子的行为在他自己看来，总有他自己的理由，只不过在我们看来是不对的，或者说是不成立的。

一旦我们认为"不对"，我们就会习惯用自己的方式去强力压制，以为说一不二地制止，给孩子施压，他们就会印象深刻，就会知错改错。事实上，不是这样的。

如果孩子觉得有理由这样做，却被凶悍指责，委屈的情绪上来了，全盘不接受也是可能的。

亚宁读初中的时候，非常喜欢信息技术这门课程，而妈妈却简单粗暴地禁止他"玩电脑"，要求他必须把全部精力放在学习上，并制订了严格的学习计划，要求他每天放学回家必做多少作业、多少遍练习，这种做法引起了亚宁的强烈不满。

亚宁心想："我学习电子信息有错吗？互联网时代，不懂智能和文盲有什么区别？既然妈妈不让我做自己想做的事情，那我也不做她想让我做的事情。"从此，亚宁学习态度极其消极，学习成绩一落千丈，明知这样做不对，但亚宁依然我行我素，他甚至喜欢看到妈妈怒气冲冲又无可奈何的样子。

所有的反抗都来自对束缚和限制的不满。孩子所面对的，除了他本身就有的生理与心理的束缚外，还有周围成人所刻意营建的各种限制。小时候，他们无法意识到这种束缚与限制，就是意识到了也无力反抗。随着年龄的增长，他们渐渐能够清晰地看待这个世界，一个新的自我在迷蒙中跃跃欲试。然而，成人的限制是那么的严密和牢不可摧，而成长的力量还不足以挣脱自身生理、心理和知识的束缚，这时候的孩子正承受着蜕变之苦，体会着前所未有的迷茫，所以就会产生种种叛逆的举动，目的只是想以此来显示自我的存在。

在家长指控孩子叛逆的同时，家长也正好暴露了这叛逆的根源——过度呵护所演变的压制。正是这种看似善意的温柔的束缚，让正在成长中的孩子无所适从，所以家长在指责孩子不听话的同时也应该反省一下自己，是不是束缚了孩子的身心，是不是没有给孩子足够的空间和足够的理解。

不懂孩子的家长，即使再爱孩子，也教育不好孩子，这一点我们必须承认。

陪伴孩子成长，是妈妈一生最温暖的时光，可又是一场鸡飞狗跳的对抗。妈妈们竭心尽力守护规则，孩子们一门心思打破桎梏，双方难道真的就无法平衡吗？不，不是的。其实，只要我们找到孩子破坏规则的原因，自然能够给予他们相对的自由和民主，引导孩子在有规矩的世界里，自由地呼吸，自在地成长。

如果你都做不到，孩子怎能不动摇

晓静婚前是超爱玩的女孩，凡是好玩的她都有兴趣。不过，她更喜欢吃，"吃不胖的小姐姐"可是名声在外。她还跟许多都市年轻人一样，是个夜猫子，经常刷手机刷到凌晨，即便结婚之后，她依然是活的非常洒脱。

不过，这种"美好的状态"很快随着孩子的降生受到了限制。孩子成了晓静的束缚，她无法再像以前那样和姐妹们肆意玩耍，她也没时间和精力再做网络上的游侠，她只能化憋屈为食量，继续将"吃货事业"进行到底。于是，她在网上买来了大量的零食，藏起来，偷偷吃。

可孩子到了一定年纪，便开始翻箱倒柜，捉妖拆家，家里没有他们翻不到的地方，更没有你藏得住的东西。很快，晓静的"秘密粮仓"便被儿子发现了。当他拿着自己的"战利品"好奇地问妈妈"这是什么"时，晓静感觉整个人都不好了，只好哄骗孩子说："这是妈妈的存粮，大人可以吃，小孩不能吃。"

孩子非常纳闷："为什么大人可以吃，小孩却不能吃呢？一定是很好吃的，妈妈想吃独食，不行，我一定要尝尝！"于是，当即表示他要吃，就要吃，必须吃。

可是，这些零食对身体有没有好处我们不知道，对身体有没有坏处咱们也不好随便说，但肯定是不适合孩子食用的。晓静没办法，只好认真地告诉孩子："吃零食对身体不好，尤其是小孩子，更不应该吃。"

一听这话，孩子立刻奶声奶气又充满友爱地对妈妈说："吃零食不好，宝宝不吃，妈妈也不吃。"那一瞬间，晓静被感动了，宝宝这么小就知道心疼妈妈了，于是一激动就点头答应了。

然而，生子以后，晓静已经放弃了太多爱好，如今要戒掉零食，她感觉整个人都不好了，她心想："你小子有张良计，为娘我有过墙梯，我二十多年的人生经验还斗不过你一个小屁孩儿?"某天,老公带儿子去游乐场以后,晓静决定绝不辜负这美好的时光,她火速下楼直奔超市,买来零食,准备回归少女时代的美好生活。

结果,晓静刚吃两口,因为儿子嫌天热吵着要回家找妈妈,父子俩打道回府了!晓静被儿子抓了个现行,小家伙冲到她面前质问:"不是说零食对身体不好,不是说好不吃零食的吗?你骗人,我也要吃!"说着抓起薯条就往嘴里塞。

老公在一旁无奈地摊开双手:"我也没有办法啊!他非得要回来。"

你给孩子定的规矩,如果你希望孩子守规矩,就要以身作则,给孩子一个良好的示范。事实证明,以身作则比给孩子讲道理要有效得多,因为没有判断力的孩子很难理解你的长篇大论,但却会积极模仿你的行为。

孩子模仿父母,最初并不会分辨对错。父母希望孩子学的,他会模仿;担心他学的,他照样会模仿。这时候,父母仅仅是在口头上禁止是没有效果的,自己都做不到的事,如何还能要求孩子做到呢?我国著名的教育家朱庆澜先生曾经明确指出:"无论是什么教育,教育人要将自身做个样子给孩子看,不能以为只凭一张口,随便说个道理,孩子就会相信。"如果希望自己的孩子品学兼优,首先,爸爸妈妈就要做出表率来。

在这个世界上,孩子通过模仿而学习,他们的第一个模仿对象就是父母。孩子是父母的一面镜子,每位父母都可以从孩子身上看到自己的影子。因此,家长要求孩子遵守的,自己必须遵守；要求孩子做到的，自己必须身体力行；要求孩子全面发展，自己先要活到老、学到老；要求孩子少年早立志，自己的人生也不能没有奋斗目标……

我们很难想象，一位终日喝酒、打牌、"筑方城"的爸爸，或者一位每天把大量时间花在穿戴打扮、逛商场上的妈妈，能给孩子做出勤奋学习的榜样；我们同样很难想象，整天琢磨怎样占人便宜的父母能培养出孩子健全的人格……为了孩子检点自己的言行，为了孩子提高自身的修养，为了孩子以更加积极的态度对待生活，为了孩子努力去拓展自己有价值的人生，让孩子在自己身边学会做人，父母必须先修正自身，给孩子一个良好的榜样。

对于妈妈来说，教养儿女的过程，也是一个自我教育的过程。孩子模仿父母，我们不能禁止孩子们模仿，相反，我们应该让自己值得模仿，哪怕是我们行为中最微不足道的细节。

孩子一错再错，给予必要惩戒

坊间有句老话："七八岁，讨狗嫌。"男孩子到了七八岁的年纪，最让妈妈头疼。磊磊妈妈对此深有体会。

磊磊身高体壮，顽皮得很，虽然妈妈早叮嘱他在玩闹的时候要谨慎小心，虽然他往往无意，但还是常常会做出伤害小朋友的事情。

有一次，他在小区里跟一群小伙伴玩沙子，他一时兴起，口里高喊："握不住的沙，那就扬了它。"抓起沙子便向空中扬去。这下可好，黄沙漫天，躲闪不及的小伙伴被弄得满身都是，有个年龄较小的女孩还被沙子迷了眼睛，当场大哭起来。

家长们听到哭声，纷纷围了过来，赶紧给自己的孩子检查清理，大家看向磊磊和磊磊妈妈的眼神相当不友善，那眼睛里分明写着"欠揍"两个字。

磊磊妈妈当时尴尬极了，可是她也很委屈——她不是不管孩子，给孩子定了好多规矩，也叮嘱过他很多次了，可他就是不往心里去啊！再看磊磊，感觉和没事人一样，丝毫没有意识到自己做了错事。

妈妈见状，真是气坏了，一把将磊磊拎了过来，质问他为什么这样做。磊磊当场给了一个令妈妈更尴尬的答案："好玩啊！"妈妈让他道歉，他也不肯："风大还迷眼呢，怎么不让风道歉？怕迷眼别出门啊！"

此话一出，母子俩立刻成了全小区最不受欢迎的人，磊磊妈妈脸如火烧，赶紧替孩子给大家郑重道歉，随后把磊磊带回家，进行了一场苦口婆心的批评教育。

不过，磊磊仍然不觉得自己的做法有什么不妥，即便是在家里，他也拒不认错，还嘲笑妈妈小题大做。

看到儿子如此冥顽不灵，妈妈真想扬起小皮鞭暴打他一顿，可是她也知道，打孩子不是好的教育方法，甚至可能起到反作用。但是，不打又怎么让他长记性、守规矩呢？磊磊妈妈真是一筹莫展。

孩子心智不成熟，往往意识不到自己的做法是错误的，即便大人明确告知，立下规矩，千叮万嘱，但因为自律性差，很多孩子依然一犯再犯，屡教不改。这个时候，家长给他们一些直截了当的惩罚就很有必要了。

正当磊磊妈妈头疼欲裂的时候，爸爸下班到家了。妈妈仿佛抓到了救命稻草，赶忙将今天发生的"事件"以及磊磊做错事后的态度说给爸爸听，希望他好好管管这个熊孩子。

爸爸思考片刻，对磊磊说："不管你是不是故意，你伤害到了其他小朋友，这就是错。如果你仍然不知错、不改错，我们就要对你进行惩罚了。"

磊磊心说："你能怎么惩罚我？能把我丢到河里喂鱼吗？"他虽然嘴上不敢直说，脸上却写满了不在意。

爸爸见状，继续说："今天，我算你是初犯，只对你提出警告。如果下次再犯，一错再错，我就关你禁闭，不许你出去和小朋友们玩，直到你真的知错改错为止，这就是我们对你的惩罚。"

听爸爸这么说，磊磊有些害怕了。

第二天，磊磊放学后再出去玩，已经开始小心了，他想做大动作之前，会观察一下身边有没有小朋友，会不会伤及无辜。妈妈看在眼里，高兴在心里，孩子终于有进步了，还是娃他爸有办法。

但是，没过两天，磊磊就忘记了父母的警告，又开始放飞自我了。一天，他在和几个小男孩玩警察抓小偷的时候，彻底玩疯了，也不管周围有没有人，一通乱跑乱撞。大人和大一点的孩子被他撞一下倒没什么，不过是送给他一道道厌恶的目光，但磊磊扮演警察抓小偷时一个飞扑动作，干净利落地就把一位三四岁的小朋友扑倒了，那孩子的手臂和腿都摔破皮了，小朋友立即哭了起来。

孩子的哭声把远处聊天的家长们引了过来，磊磊妈妈到现场一看：我的天，儿子又闯祸了！赶忙给人家赔礼道歉，并把小朋友送去社区医院处理伤口，母子俩再次成为全小区最不受欢迎的人。

磊磊是在妈妈喷火的眼神下，颤抖着走回家的。显然，这次他知道自己做错了，可是为时已晚。爸爸妈妈当即开启处罚条例——半个月不准他去小区广场玩，如果半个月后他还没有真正认识到错误，处罚继续延期。

尽管磊磊哭得十分伤心，尽管他不断央求父母再给他一次机会，但爸爸妈妈这次没有一丝妥协。他们知道，教育孩子时，定下的惩罚一定要作数，否则孩子见父母不忍心惩罚自己，就会有恃无恐，屡教不改，小毛病最终也会成为坏习惯，会影响他的一生。

半个月的时间对磊磊来说相当漫长，每天学校与家两点一线，曾经那个承载他无数欢乐的小广场，如今离他那么远。有时候，放学回来，妈妈也会带着他在广场边缘看着小朋友们玩耍，提醒他细心观察，别的小朋友是怎么友好、安全地玩耍的，但绝不允许他踏进广场一步。

磊磊可怜巴巴地看着别的小朋友快乐玩耍，看着他们和谐相处，他似乎知道自己该怎样做了。

禁闭解除以后，磊磊终于进入了小广场，终于回到了小朋友们中间，他做的第一件事，就是挨个给自己有意无意伤害过的小伙伴道歉，从那以后他再也没有出现过伤人事件。

孩子就是孩子，他们总是难免出现这样一些问题、那样一些错误，但他们可能又不自知。他们总是在试探父母规定的极限，他们需要一种坚定而又前后一贯的纪律约束。然而，这个尺度的确很难把握。

一方面，管教是必须的，但过于严厉的管教往往容易扼杀孩子的创造力、想象力，以及影响孩子的自尊和人格的形成。美国有一个美丽的少女患有忧郁症，这是由于在童年时期经常遭受父母残暴的殴打导致的。有一次，她半夜尿床，父亲就用尿湿的床单包住她的头，并且把她的头塞进马桶。这种过分且出人意外的处罚，给这个孩子的心灵造成了极大的伤害，以致长大以后她一直无法从父亲对她稚嫩心灵所造成的梦魇中挣脱出来。

另一方面，孩子也是有判断力的，放任孩子也很容易让孩子觉得父母不够关心自己。当孩子知道自己犯了错时，不管他是出于什么原因，他都会期待父母做出适当的反应，毕竟父母象征着每个孩子所想要的公平和秩序。父母若没有对孩子的行为做出妥善处理，孩子就不会尊重父母，也觉得没有必要听从父母的话。因此，作为父母，你的责任就是制止孩子的错误行为，改变他的行为和思想方向。如果奖惩不分的话，孩子对行为的认定势必跟着摇摆不定，无所适从。

因此，无论是奖励或惩罚都应有同样的程序和原则，妈妈在处罚孩子以前，首先应该了解什么是"适度的处罚"，然后才可能实施真正有效的管教，才能在奖励与惩罚之间寻找到一个平衡点——既不至于伤害孩子，也不至于放纵孩子。

适度处罚的前提应该有一个事先设定好的合理的界线，以制度和规定的方式确定下来，并告诉孩子。这些规定应该在孩子做事之前就讲清楚，一定要让他清楚地知道妈妈的期待和理由。

奖励结合惩罚，让孩子遵守契约

韬韬幼时父母离异，或许是原生家庭的悲剧导致他少年时期异常叛逆。

韬韬与继母之间的关系非常紧张，平时他总是对继母横眉冷对，心里怀着很强烈的对抗情绪。有一次，韬韬逃课上网，被继母批评了几句，他差点挥拳相向。

后来，韬韬的爸爸和继母专门向教育心理学专家请教方法。专家经过分析研究，了解到韬韬有一个爱好，就是特别喜欢编程，他逃课上网就是去编程论坛参加技术讨论，而且韬韬很希望拥有一台自己的电脑。

心理专家与韬韬的父亲、继母商量，让韬韬的继母借给韬韬 5000 元买了一台电脑。继母与韬韬订立了这样的一份契约，大概内容如下：阿姨借给韬韬 5000 元买一台他喜欢的电脑，韬韬以每月还 200 元的方式，在初中剩余两年半内完成归还。韬韬可以采用以下方式挣钱：

（1）韬韬待人有礼，即便在家中与爸爸、阿姨也能使用礼貌用语，每月可获得 30 元。

（2）韬韬助人为乐，即便在家中，也能够帮助爸爸、阿姨做力所能及的家事，并做好个人卫生管理，每月可获得 30 元。

（3）韬韬正确使用电脑，不胡乱入网、不陷溺沉迷，定时休息，按时作息，每月可获得 40 元。

（4）韬韬遵守学校纪律，团结帮助同学，校园表现良好，每月可获得 50 元。

（5）韬韬积极上进，努力学习，月考各科成绩达到 A 以上，每月可获得 50 元。

如果全部做到，这些钱正好是 200 元。

韬韬要是做不到，就按以下条款给予处罚：

（1）按照未能做到的条款的价值，韬韬将在下一个月被限制使用电脑，每差 30 元，限制使用 3 天。

（2）韬韬如果连续两个月什么都做不到，就在第三个月完全剥夺电脑使用权利。

上述条款由父亲做中间人，继母负责执行。条款还规定，韬韬做了其他好事，可以向父亲和继母提出来，大家共同探讨这件事的奖励价值并给予额外奖励。

这份契约还真管用。从此以后，韬韬改变了自己的出格行为，为了尽快地成为这台电脑的真正主人，他还表现出了许多意想不到的好行为，他与继母之间的关系也变好了。等到这台电脑属于韬韬时，他已经成了一个成绩好、品行好的优秀少年。

现在的孩子，从小叛逆性就强，与父母对立的事情时有发生。如果孩子对你持有对抗情绪，而你对孩子的各种出格行为一筹莫展，不妨也与孩子订个"契约"。这种方法不仅简单，而且便于把握，非常有助于从小培养孩子按照规则办事的好习惯，对那些比较调皮的孩子尤其管用。

这种方法不仅对大孩子适用，对小孩子同样具有很强的制约力，可以说"大小通吃"。

我国心理学家就成功地使用这种方法，纠正了一个一年级小学生字迹潦草的不良习惯。这个小学生写字"笔走龙蛇"，左右分家，大小不一，上下串格，笔顺随意，作业和考试经常因为字迹潦草被扣分。

另外，这个孩子性格散漫，还很邋遢，如衣服乱扔、书包凌乱，文具总丢，书本褶皱，等等，老师和家长多次对他进行警告和纠正，但毫无作用。

研究者通过了解发现，他在一次认真写作业并因此获得一本自己喜欢的漫画书以后，曾有过短暂的认真，字迹比平时工整多了。研究者据此决定利用"契约"方式对他进行纠正，他们对这个孩子提出了如下要求：

（1）认真书写，态度端正，字迹工整、正确、干净。

（2）认真做题，答案正确，高效、高分完成作业。

（3）积极上进，努力刻苦，各科成绩有所进步。

（4）干净利落，卫生整洁，热爱劳动，热爱生活。

如果孩子能够达到要求，父母就给予他相应奖励。奖励物是一种"代币"，分为1分、2分、5分、10分四种分值。如整理书包、衣物，做到干净整齐，可以获得5分奖励；每天练字20分钟，字迹工整，笔顺正确，可以获得6分奖励；家庭作业字迹清晰，未被扣分，可以获得8分奖励；单元测验95分以上，可以获得15分奖励。

不过，如果孩子的某些行为触犯契约条例，就会触发相应的扣分机制。

那么，代币兑换的实物奖励都有什么呢？比如，达到10分，可以兑换一种自己爱吃的健康食物；达到15分，可以兑换一本自己喜欢的漫画书；达到30分，可以兑换一顿自己喜欢的大餐；达到300分，可以兑换一套新款运动服；达到1000分，可以兑换一次假期国内长途旅行。

经过一个学期的监督和训练，这个孩子的字迹工整了，效率上来了，成绩提高了，生活规律、生活习惯、自理能力都有了明显的进步。

孩子其实也有欲望，而且由于自制力的欠缺，他们对于欲望的渴求往往比成人更强烈，如果妈妈愿意满足他们的合理欲望，并要求他们做出相应的回馈，他们其实也很乐意去争取。这就是契约法的妙用所在。

不过，我们给孩子订契约，也要有必须把握的原则。

（1）契约要为孩子量身定做，要符合孩子的年龄和能力，如果提出不切实际的要求，是孩子难以达到的程度，使孩子永远得不到他想要的奖励，孩子不会有积极性，也不会遵守契约。

（2）契约既要满足孩子的合理欲望，又要控制孩子的欲望，不可不分好坏胡乱满足，要使孩子知道什么该要，什么不该要。

（3）不要对孩子食言。当孩子达成契约条例时，父母应遵守契约精神，积极兑现自己的承诺。

有一位妈妈，为了鼓励孩子努力学习，便答应他如果考入班级前十名，可以给他买一台电脑。孩子听到这个奖励，眼睛都放光了——就这么愉快的决定了。孩子为了得到那台心心念念的电脑，拼了命地学习，再也不用妈妈督促，自动自觉刷试卷、做习题。功夫不负有心人，期末考试，孩子一跃考到班级第七名，老师和同学们都惊呆了！

可是，当他激动地要求妈妈兑现承诺时，这位妈妈却说："我想了想，电脑会影响你学习，妈妈还是送你一套课外书吧！"孩子一听，眼泪都快下来了，但他也没说什么，默默地走回自己的房间，将门关上。

这事过后，孩子又恢复了原样，无论父母许诺什么奖励，都提不起他学习的积极性。

为人父母，即是表率，想让孩子遵守彼此间的约定，妈妈首先就要拿出诚意来，严格遵守契约规定，这样，你在孩子眼中才是一个值得尊敬和信任的人，他才愿意遵守你们之间的约定。

不服管，闹脾气，试试临时隔离

一个小孩，只有 4 岁，一天，他用积木砸他的小客人。

妈妈看到后说："宝贝，你不能这样做。你要再这样，我马上对你实行隔离。"

孩子嬉笑着继续扔积木。妈妈走过去，语气坚定地说："因为你用积木砸了小朋友，所以现在我要开始对你实行隔离。"

母亲不再多说什么，抱起他走向屋中间的一张高靠背椅，把他放在上面，并把他手中拿着的积木取下，然后取一个定时器，定好 4 分钟时间，放在孩子看得见但是手够不着的地方。

孩子自然是满脸不高兴，从椅子上跳下来。妈妈坚定但不粗暴地把他重新抱上椅子，站在他身后监视着他，并把孩子的手交叉摆在他的胸前，说："只有你不再跳下椅子，我才会松开你的手。"

孩子挣扎了几下，发现无法挣脱，就安静下来，开始掉眼泪。妈妈装作什么都没看见，转身回到自己的房间里做自己的事。

等到定时器一响，妈妈走过去问："你知道为什么妈妈要对你隔离吗？"

孩子不吭声，妈妈说："你这样做是不对的，会把别人打痛的。如果你以后还这样做，妈妈还会对你隔离。不过妈妈希望你下次不这样了。"孩子点点头，才敢跳下椅子。

这位母亲所使用的方法叫临时隔离法。或许很多妈妈在书上或电视上都看到过，美国的妈妈们对犯了错的孩子经常使用的惩罚就是"回自己屋子去"。据说，这种隔离法还挺管用，调皮的孩子出来后至少会"老实"一些，最后慢慢形成好的习惯。

临时隔离法的主要对象是出现不良行为的孩子。这种方法其实很简单，就是暂时中止孩子的活动。这种方法的主要优点是能够在较短时间内有效地终止孩子的某些不良行为，而且简单易学，可以随时方便地运用。还有一点非常重要，这种方法能够让父母很好地控制自己的情绪，成为孩子理性行为的榜样。这种方法既不会对孩子的身体造成任何伤害，也不会对孩子的心理造成伤害。

当然，使用这种方法也有它的原则。

（1）必须有前提。孩子用积木砸小朋友的行为，是妈妈对孩子施用"临时隔离法"的前提条件。如果没有这个前提条件，妈妈就不可能对孩子采用这种方法。

一般来说，这个行为在孩子的身上是经常出现的，妈妈在采用这种方法前，应该对孩子的这种攻击性行为进行统计，如果这种行为出现的频率较高，就必须采取必要的措施了。

资料表明，这个孩子以往经常发生这种行为，所以妈妈把其确定为目标行为。据介绍，事后，妈妈在日历上记录孩子的攻击行为时，孩子好奇地问妈妈在干什么，妈妈告诉他："我在记录你这种不良行为。"孩子知道妈妈在注意他的行为时，就开始有意识地克制自己的这种行为，他的攻击性行为开始减少了。

（2）控制好自己的情绪。在实施隔离法时，妈妈要始终很好地控制住自己的情绪，不能因为孩子反抗而大打出手。妈妈实施这种方法时，不要发火，也不要吼叫，只需要对孩子简短地说明隔离的理由就可以了。有人建议用不超过十个字的话来说明隔离理由，冷静地终止孩子的不良行为。

（3）实施临时隔离必须选择合适的地点作为隔离区。妈妈要根据孩子年龄的大小，充分考虑安全因素，把隔离地点选在自己完全能够控制的范围。如这位母亲把隔离点选择在靠背椅上，就是因为孩子的年龄比较小。

对年龄大一些的孩子，可以选择卫生间、储藏室、走廊等作为隔离地点。选择隔离点时总的原则是让孩子感到无聊、单调、枯燥，但同时应该是安全的地点，不能让孩子感到恐惧，并且要保证隔离期终止之前孩子不能接触一切游戏和活动。如果家里正在开着电视或录音机，也必须关掉，不能让孩子在被隔离的时候偷着看电视和听音乐。

（4）恰当的时间。隔离时间的长短一般是"1岁1分钟"。这个孩子只有4岁，所以时间设定为4分钟。我们的目的是要让孩子知道，是定时器而不是妈妈决定孩子什么时候终止隔离，所以有铃声且可移动的定时器是隔离法必备的工具。妈妈把定时器放在孩子够不着的地方，是为了防止孩子把定时器当玩具。

（5）妈妈要若即若离。在隔离期间，妈妈应该做自己的事情，而不是一直在旁边看着孩子。如果妈妈一直盯着孩子，孩子就会觉得自己虽然受到了惩罚，但是同时也引起了妈妈的注意。虽然这种注意是负面的，但是孩子也会非常在意。事实证明，有的孩子会为了得到这种注意而有意做错事，妈妈的过分关注常常会降低惩罚的效果。

（6）隔离结束时，妈妈要简短地向孩子说明被隔离的原因。孩子的年龄很小，认知有限，所以要想加深孩子的印象，隔离结束时，妈妈应告诉孩子为什么受到惩罚。

孩子受到隔离，一般不会有太好的情绪，这个时候，妈妈不要太在意孩子的情绪。

临时隔离法适用于 2 ~ 12 岁的孩子。这种方法看起来简单，但很有效。因为在孩子看来，离开伙伴、停止活动是最不能容忍的惩罚。被隔离过的孩子都不愿意再次被隔离。在他们看来，那种滋味很不好受。

允许孩子做自己的"辩护律师"

一年级五班的晓心同学经常丢三落四，不是放学回家铅笔不见了，就是作业本找不到了。他的妈妈因此很发愁，不止一次与他郑重谈话，但晓心同学还是总犯老毛病。有一次，晓心

186

妈妈在晓心早上上学忘记装作业本的时候，故意没有提醒他，并及时和老师沟通，希望老师在全体同学面前"狠狠地"批评他，从那以后，晓心同学丢三落四的现象改善了好多。

可是某天，妈妈发现晓心的笔袋里竟然又只剩下了一支铅笔。

对于晓心同学的"旧态复萌"，妈妈有点恼火，于是语气不太友好地质问他为什么又丢东西。

晓心同学老实回答："妈妈，今天手工课，我的铅笔……"

妈妈一听火更大了，她打断晓心的话，怒斥道："什么？你竟然拿铅笔去玩！那你文化课用什么？而且玩完还给弄丢了！因为这事批评你多少次了？你怎么就不长记性呢？"

晓心小脸急得通红，连忙插话道："妈妈，不是……"

"什么不是？不是什么？你的不是还是我的不是？三天不收拾，你就不长记性是不是？"妈妈再次打断晓心的话，连珠炮似的把他一顿臭骂。

爸爸看到儿子委屈地流下了眼泪，连忙介入，但晓心这个时候已经什么话都不肯说了。

等晓心睡着以后，妈妈帮他检查书包，赫然发现在孩子手工课上做的简易笔袋中整整齐齐放着几支铅笔。爸爸见状，忍不住说了妈妈两句，妈妈仍嘴硬地表示："这熊孩子，怎么不早说？"

可是，这位妈妈给孩子辩解的机会了吗？在接连的打断和训斥下，又有哪个孩子愿意再说话呢？

许多妈妈经常抱怨自家的熊孩子问题多多，可实际上，不少孩子的问题，未必真是有问题。如果妈妈们总是自以为是，按照惯性思维臆断孩子的行为，并不由分说横加指责，那么，孩子在感觉极度委屈和自尊受辱的同时，因为本身就处在弱势一方，他们只能被迫承受由此产生的屈辱和痛苦，从此对妈妈无话可说。

这还是老实一些的孩子，如果是比较有性格的孩子，他们会因此感到愤怒，甚至产生怨恨，他们会把这种情绪发泄到其他对象上，或者去想各种好玩的事情来摆脱这种情绪。这往往就是导致孩子顽劣的原因。

妈妈们的明智做法是，给孩子争辩的权利，认真地听他辩解。这样做主要有两个好处。

其一，从孩子的辩解中，妈妈可以了解到孩子发生某种错误行为的背景、条件以及心理动机等，并有针对性地进行有效教育。

其二，让孩子辩解，也就为妈妈树了一面镜子，妈妈通过听孩子的辩解来检验自己的教育方法是否得当，说的是否在理，发现不妥之处可以及时调整。

从现实的方面讲，难道有哪位母亲真的希望孩子长大以后遇到类似情况而不争不辩吗？不是的，那时他的母亲一定会气愤地说："你为什么不为自己辩解？你是哑巴吗？"

孩子的这种权利受到尊重，一般会增强他们的自信心和荣誉感，他们反而会注意别人的权利是否也被自己尊重，从而在潜移默化中增强了自治能力。同时，给孩子辩解的权利，还可以营造家庭的民主氛围。拥有辩解权的孩子会具有很强的交际能力与协调能力，对其未来发展大有裨益。

当然，允许孩子辩解也是应该遵守规则的。换言之，就是不允许他们胡搅蛮缠、抬杠扯皮。假如孩子违反了辩解规则，妈妈应立即予以制止。值得提醒的是，妈妈是规则的制定者，所以，在制定规则时要从实际出发，合乎孩子的情况，合乎一般的道理，否则，这种辩解就是不平等的。

妈妈应该为孩子的辩解创造一种宽松、平等的氛围。在辩解的过程中，妈妈应该循循善诱、以理服人，不要让孩子认为与父母争辩就是对长辈不敬。

从小教育孩子，勿以恶小而为之

文文书读得少，结婚比较早，年纪轻轻就当上了妈妈，她经常对儿子小明说的一句口头禅是："顾好自个儿，别的啥都别管。"

朋友曾劝过她几次，不要这样教育孩子。但是，她很固执。

有一次，小明在学校里跟同学打架，挨了老师的批评，文文怒不可遏地冲到学校，打了小明的同学不说，还把老师骂了一顿，最后，又与被打同学的妈妈扭打在一起。自此以后，小明在学校里越来越横行霸道，还得了个"小霸王"的称号，而文文也被冠以"霸王妈"的"美誉"。

有一次，电视节目正探讨一位好心人把被车撞倒的老人送到医院反遭诬陷的事情，文文郑重地告诉小明："看到没有，好事不能做。"

小明煞有其事地点了点头。

可以预见，在文文的言传身教之下，小明长大以后会成为一个什么样的人。

孩子还小的时候，他们并不具备自己判断对错的能力，他们只是随着自己心情做自己想做的事情，本能地去满足自己的需求，他们意识不到，某些事情会对别人造成伤害。这个阶段，孩子对于是非对错的看法完全来自我们的灌输。你教孩子什么是对的、什么是错的，他都会照单全收，因为对于这时的孩子来说，父母是绝对的权威。因此，在教育方面，这是一个非常好的时机，因为你说什么，他就信什么。

我们看到某些孩子任性无理、骄横霸道、肆意妄为，往往是因为他们的父母就是这样教的，又或者，他们做错事的时候，他们的父母不以为然，没有及时进行纠正。

培养一个有道德、懂事、懂规矩的孩子，终究靠的还是家庭教育，靠的是父母在生活中每一件小事上的引导和渗透。优秀的父母带给孩子的不仅是好教养，更是孩子的精神护盾，可以保护孩子不被不良风气带歪带坏。要知道，如果你不早点管教孩子，以后就轮到别人来管教了。

一旦孩子的行为出现了偏差，我们切记——要让孩子对自己的行为负责。这是很重要的一点，也是常被家长们忽略的一点。在中国的一些家庭中，往往是孩子闯了祸，父母连忙跑去道歉，却忽略了对孩子的教育和纠正。那么，孩子下次还会继续闯祸啊，反正又不用自己负责。

让孩子为自己的行为负责，惩罚不是目的，而是要让他明白是非对错之分，做错了事就要承担相应的后果。

谭女士带着儿子小伟在儿童乐园里玩沙子，同玩的一个 3 岁左右大的小朋友，突然对着小伟的脸扔了一把沙子。当时两个妈妈都在场，两个孩子并没有争执也没有抢玩具，所以谭女士觉得，那个孩子本意应该是和儿子闹着玩，毕竟两三岁的孩子还不知道对着别人的脸扔沙子会伤害人。谭女士没说什么，一边轻轻拂拭着儿子头发和脸上的沙子，一边告诉他："小弟弟和你闹着玩呢。"但那孩子的妈妈已经开始非常严肃认真地教育自己的儿子了。

"沙子不可以往别人脸上扔，如果进到小哥哥眼睛里怎么办？你看小哥哥都哭了，你赶快给他道歉！"

孩子当然不愿意，两三岁的孩子也有他倔强的一面，结果孩子妈妈毫不妥协，一直在教育儿子，最后使出绝招："你冒犯了小哥哥，你这样做非常不好，你要是不道歉的话，我就不允许你继续在这里玩，我们马上回家！后天，也不带你去游乐园了！"

孩子一见妈妈使出了绝招，咧着嘴哭着跟小伟道了歉。

其实在谭女士看来，孩子真的只是无心之失，也没有想着让他来给自己的儿子道歉，但那位妈妈的做法真的非常值得称赞。有这样明事理、懂教育的妈妈，孩子将来一定差不了。

在儿童乐园里我们也常常会看到，一个四五岁的孩子不小心碰倒了别人搭的积木，导致那个孩子大哭，他会主动过去道歉并安慰对方，然后和对方一起玩耍，将积木重新搭起来。显而易见，这非一日之功，这需要父母从小不断的引导和培养。

如果父母家庭教育工作做得好，孩子就会渐渐开始懂得"勿以恶小而为之，勿以善小而不为"的道理，想要做什么之前，他们会开始考虑自己的行为会不会给别人造成影响，知道要顾及别人的感受。

一旦父母正向的是非观内化为孩子的一部分，孩子的行为就会受到正确的驱动和指引。当他们再做错事时，他们所担心的不是父母的批评和惩罚，而是发自内心地感到愧疚和不安，这种道德感的初步形成驱动着孩子主动去做正确的事情。当然，这仍需要我们不断对孩子进行提醒和强化。

Chapter 7

马虎好动还磨叽，
几招让熊孩子学习做事有效率

很多妈妈都在抱怨自己的孩子令人抓狂，上蹿下跳、丢东落西、磨磨蹭蹭、磨磨叽叽。于是乎，直接给娃贴上"熊孩子"标签，表示孺子根本不可教，可妈妈咋不检讨检讨自己呢？

教孩子就像解数学题，用一种方法不行，为什么就不能试着换一种方法呢？别在孩子身上找责任了，拓展一下自己的育儿策略，才是你的当务之急。

孩子不顽皮，才是真的有问题

欣怡今年 7 岁了，是家里的掌上明珠，相比于其他年龄相仿的女孩来说，欣怡更为顽皮。

记得有一次，妈妈带着欣怡到朋友家做客，她一会儿摸摸这儿，一会儿碰碰那儿，妈妈觉得很不好意思，生怕欣怡会打碎朋友家的东西，于是轻声招呼她："欣怡，快过来，坐到妈妈腿上来。"

然而，欣怡并没有听妈妈的话，而是一溜烟跑进了朋友家的卧室，看到卧室里的皮卡丘公仔非常可爱，一把抱在怀里，直接抱着出去找妈妈。妈妈刚要训斥欣怡，哪知欣怡却说："妈妈，妈妈，我看到皮卡丘身上破了个洞，你用针线缝缝吧！"

妈妈的朋友一听，笑着说："欣怡真是个爱观察的孩子，这个皮卡丘一直放在我家孩子的卧室里，他都没有发现皮卡丘身上破了个洞。"

还有的时候，妈妈带着欣怡到乡下爷爷奶奶家去玩耍，她就会一整天不进屋，而是在院子里观察小鸟、小蚂蚁、小蜜蜂及花花草草。欣怡虽然有些淘气，但是很聪明，她能迅速地说出普通花草的名称、颜色，以及小动物的名称、颜色、喜欢吃什么等。妈妈给她买了一本《动物百科》，虽然她不认识几个字，但她经常会缠着妈妈给她讲书上的小动物，她也会对号入座，在看到自然界中和书上对应的小动物的时候说出几点她知道的有关小动物的特点。

记得有一次，妈妈给她买了一个会发出悦耳乐声的音乐盒，欣怡非常喜欢，可是这叮铃铃的声音是从哪里传出来的呢？为什么一上弦就可以发出声音呢？一连几天她都心痒得很，直到有一天，妈妈把她送到乡下找奶奶，趁着妈妈不在身边，欣怡偷偷将音乐盒拆开了，可是里面除了一个个小小的金属片什么都没有，她试图将音乐盒组装上，可是无论如何它都不能再发出声音了。

欣怡非常害怕，担心妈妈知道后会责备自己，哪知道妈妈得知原因后却鼓励她说："欣怡做得很好，既然你已经把音乐盒拆了，就好好地观察它，尝试一下不同的组装方法，看看音乐声究竟是从哪里发出来的。"

俗话说得好，"孩子静悄悄，准是在作妖"。每个孩子小的时候都非常顽皮，这也是孩子的天性，只不过，这天性令父母们头疼不已。那么问题来了，面对特别顽皮的孩子，妈妈该如何教育呢？是泯灭其天性还是发展其天性？

会教育的妈妈不会因为孩子顽皮而一味地压制他的本性，她们会利用他的顽皮去激发他的能力，这才是促进孩子成长、进步的关键。

因此，面对顽皮的孩子，妈妈们即使再生气，也一定要控制好自己的脾气。

调皮的孩子常常会将家里弄得乱七八糟，甚至把家里的东西弄坏。很多妈妈在面对这种情况的时候都会感到抓狂，真想把熊孩子拎过来暴打一顿。但是，如果我们真的这样做了，那么孩子就会逐渐丧失创新意识。要知道，那些稀奇古怪的念头里，很可能蕴藏着无限的创造力。

其实，中国的很多妈妈都走进了一个教育误区：希望自己的孩子在家听父母话，在学校听老师话。一旦孩子没有达到这样的标准，妈妈就会训斥甚至打骂孩子。可能妈妈们觉得，老实听话的孩子带出去有脸面，而调皮的熊孩子则会给自己丢面子。正是妈妈们这种错误观念，让孩子宝贵的创造力被扼杀在萌芽之中。

创造需要一定的时间与空间，如果给孩子设置重重约束，一点儿自由支配的时间都没有，他们的创造力就会被扼杀。明智的家长应该懂得放手，让孩去淘气，自由自在地去遐想、去活动、去创造……

当然，容忍孩子的顽皮并不等于允许他们放纵自己，对于越界顽皮、不讲礼貌、不讲规矩，甚至出手打人的孩子，妈妈还是应当严厉制止和管教的。

总而言之，孩子小的时候，我们要培养他良好的行为习惯，孩子稍微大点以后，我们要给孩子"不听话的自由"，鼓励他有自己的想法和做法。

其实，哪怕是再顽皮的孩子身上都有闪光点，妈妈应该及时发现他的优点，懂得如何去挖掘他的潜能，培养他的兴趣，让他的顽皮发挥出该有的潜力。

让孩子玩，还要教他怎么玩

彬彬从小就是个特别贪玩的孩子。每天放学后，彬彬不是拿着他自制的"捕虫器"到田野里捉虫子，就是带着其他几个孩子拿着一个放大镜到田间地头观察庄稼的叶子。

有一段时间，妈妈对彬彬的贪玩个性十分恼火，还多次没收他的玩耍工具，但这并不能阻止孩子愉快的玩耍。彬彬总是有很多的"鬼点子"，今天玩耍工具被没收了，明天他就能再做出一个新的玩耍工具。老师说彬彬很聪明，只是没有把主要精力用在学习上，所以学习成绩平平。妈妈更是急得不得了，不知道究竟怎么办才好。

孩子贪玩，是一个令所有妈妈都感到头疼的问题。其实，妈妈们应该知道，爱玩是孩子的天性，是他们对周围世界感到好奇的行为表现。事实上，很多孩子往往是在玩耍中学到知识从而加深对客观世界的认识的。哈佛大学著名儿童心理学专家组成的"发现天赋少儿培育计划"课题组，在对世界各地近3000名10岁以下儿童进行跟踪调查后发现，在被认为是聪明过人的孩子里，87%都有"强烈的好玩之心"！

小学毕业后，彬彬并没有考进重点中学，他在一所普通中学里就读，学习成绩也只是中等偏上。但是，彬彬制作的航空模型却是出了名的好，他制作的航空模型不但在学校和市里获了奖，而且还参加过省级赛事。

2020年，彬彬还是一名初三的学生，那一年在老师的指导下，由他设计制作的航空模型获得了全国大奖……

其实，对于孩子来说，玩是学习，游戏是学习，学习本身也是学习。事实上，我们也很难找到一个不喜欢玩的孩子。父母之所以害怕孩子玩，是怕孩子玩得太出格了，所以限制孩子玩。

然而，真正懂得教育的妈妈，她会陪孩子玩，带孩子玩，把玩当成亲子教育中最重要的一环。让孩子充当"玩"的主角儿，感受玩的乐趣，在玩中加深对世界的认知。

陪孩子玩，是引导孩子开阔视野、开拓思维的好途径。比如，黑龙江省七台河市的翟女士发现自家孩子喜欢玩汽车玩具，于是在陪孩子玩的时候，就经常向孩子介绍不同种类的汽车。孩子稍大一点，她又常带孩子去参观汽车展览会，扩大孩子的眼界，孩子则瞪大闪闪发光的眼睛，饶有兴趣地了解各式各样的汽车。平时，在小区里、在街上，她也会和孩子一起观察汽车，了解各品牌汽车的常识，并借此启发孩子的求知欲望。

那年高考，翟女士的儿子明明如愿地考入他钟情已久的哈尔滨工业大学电气工程及其自动化学院。

陪孩子玩，也是培养孩子良好品德的有效方法。妈妈们在陪孩子玩的过程中，可以针对各种情况进行品德的培养。比如，带孩子去公园，可以培养孩子爱护花草树木等公德意识；陪孩子爬山时，可以培养孩子不怕苦、不怕累，摔跤了要勇敢，不要破坏文物等积极精神；带孩子看电影，可以跟孩子一起做个文明观众，培养不大声喧哗、不乱丢果皮纸屑等文明行为；等等。

我们看，让孩子玩，不是挺好的一件事吗？不仅如此，妈妈们不但要陪玩，还要会玩。

（1）妈妈要善于观察孩子的喜好。家有贪玩的孩子，妈妈应细心观察孩子爱玩什么、怎么玩……分析这样玩对孩子身心健康是否有益，是否妨碍和伤害到其他人的利益，是否对社会环境产生不良的影响等，千万不要不分青红皂白就对贪玩的孩子主观地横加干预。

（2）妈妈要引导孩子去玩。贪玩的孩子兴趣爱好往往十分广泛，聪明的妈妈不是限制孩子玩，而是把孩子的爱好引向更科学、合理，有助于身心健康的方面。孩子如果爱好广泛又比较贪玩，他们往往玩起来认真投入，不能自制。妈妈应该怎样做呢？我们不妨看看别人家妈妈是怎么做的。

帅帅喜欢踢足球，放学后就在楼下的小路上踢。尽管场地狭小，他仍然玩得汗流满面，还曾踢碎过人家的玻璃。后来，帅帅妈妈分析，孩子喜欢踢足球是件好事，他在体育课中的长跑项目没有达标，而踢足球正是锻炼长跑的好机会。于是，妈妈在禁止帅帅在楼下踢球以后，周末将他带到了体育场，这一下孩子玩得尽兴了，这样做的结果既保护了孩子的兴趣，又弥补了体育课中孩子的弱项。

（3）妈妈要帮孩子合理安排玩的时间。孩子的兴趣广泛，又得不到合理的安排，往往在玩的时候投入的精力多、占用的时间长，没有节制地玩，造成过度贪玩。

改变孩子过度贪玩的现象，妈妈就要帮助孩子合理地安排和选择"玩什么""怎么玩"和"什么时间玩",使孩子能够在"玩"中受益。比如,妈妈们可以定时训练孩子骑车、游泳等基本技能,还可以在假期经常带他们去郊游、爬山、参观博物馆等。

说了这么多,笔者只是希望妈妈们不要再把孩子限定在自己规定的"框架"里,"纵容"你的孩子开怀地玩耍吧,也许你会培养出一个贪玩的优秀孩子。

找到分神儿原因,才能提升孩子专注力

在好多年前,当时有人正要将一块木板钉在树上当搁板,贾金斯便走过去管闲事,说要帮他一把。

他说:"你应该先把木板头子锯掉再钉上去。"于是,他找来锯子,可还没有锯两三下又撒手了,说要去找锉刀。

于是,他又去找锉刀,接着又发现必须先给锉刀上安一个顺手的手柄。然后,他又去灌木丛中寻找小树,可砍树又得先磨快斧头。

磨快斧头需将磨石固定好,这又免不了要制作支撑磨石的木条。制作木条少不了木匠用的长凳,可这没有一套齐全的工具是不行的。于是,贾金斯到村里去找他所需的工具,然而这一走,就再也不见他回来了。

贾金斯无论学什么都是半途而废。他曾经废寝忘食地攻

读法语，但要真正掌握法语，必须首先对古法语有透彻的了解，而没有对拉丁语的全面掌握和理解，要想学好古法语是绝不可能的。贾金斯进而发现，掌握拉丁语的唯一途径是学习梵文，因此便一头扑进梵文的学习之中，可这就更加旷日废时了。

贾金斯从未获得过什么学位，他所受过的教育也始终没有用武之地，但他的先辈为他留下了一些本钱，他拿出十万美元投资办一家煤气厂，可是生产煤气所需的煤炭价钱昂贵，这使他大为亏本。于是，他以九万美元的售价把煤气厂转让出去，开办起煤矿来，可这又不走运，因为采矿机械的耗资大得吓人。因此，贾金斯把在矿里拥有的股份变卖成八万美元，投到煤矿机械制造业。从那以后，他便像一个内行的滑冰者，在有关的各种工业部门中滑进滑出，没完没了。

他恋爱过好几次，虽然每一次都毫无结果。他对一位姑娘一见钟情，十分坦率地向她表露了心迹。为使自己匹配得上她，他开始在精神品德方面陶冶自己。他去一所星期日学校上了一个半月的课，但不久便自动放弃了。两年后，当他认为自己配得上那位姑娘时，那位姑娘早已嫁人。

不久他又如痴如醉地爱上了一位迷人的、有五个妹妹的姑娘。可是，当他上姑娘家时，却喜欢上了二妹，不久又迷上了更小的妹妹，到最后一个也没谈成功。

来回摇摆的人永远都不可能成功。贾金斯的情形每况愈下，越来越穷。他卖掉了最后一项营生的最后一份股份后，便用这笔钱买了一份逐年支取的终生年金，可是这种金融产品，支取的金额将会逐年减少，所以他早晚得挨饿。

贾金斯的失败在于，他的目标总是在不停地变动，如此一来，就不得不在各个目标之间疲于奔命，这样做除了空耗财力、物力，空耗时间与人生，还能有什么呢？

专注力差是很多孩子都有的毛病，主要表现为：注意力不集中，容易走神，做事情拖拉磨蹭、左摇右摆，小动作多，记忆力差，易冲动等，这些问题现在看起来伤害性似乎不大，但是会随着年龄增长越来越严重，家长如不及时介入，势必会严重影响孩子未来的生活和发展，甚至出现贾金斯式的结局。

其实，孩子专注力差，也不完全怪孩子。造成孩子不能专注的原因很多，主要有偶然性因素和经常性因素两种。比如，和同学有了矛盾或身体不适等情况造成的上课状态不佳，属于偶然性因素；如缺乏认真学习的态度、厌学情绪、对某一种事情不喜欢等，则属于经常性因素。妈妈们应根据具体情况，分析孩子不能专注的原因，对症下药及时帮助孩子改正缺点。

启帆在课堂上注意力不集中，思想容易开小差。比如，老师讲课时，他的思路并没有跟着老师，而是想着头天晚上看过的动画片，想着下一节是体育课就可以打球了；有时他坐在座位上发呆，连老师的提问都没听到；有时朝周围的同学做小动作，影响了别人的学习。老师的批评教育对他效果不大，便把这种情况反映给了他的妈妈。

启帆妈妈收到老师的反馈信息后，在和启帆的沟通中，发现他上课之所以总是走神，是因为在作文竞赛中，他没有取得好的名次，而觉得自己不如人。于是，妈妈就这一情况，有针对性地向启帆讲了"林肯11次失败"的故事，同时，还告诉启帆，要以平常心面对学习中的得失。另外，她还买来一些名人传记给启帆看，并告诉启帆，许多伟人、名人都和林肯一样，屡屡遭受挫折，但他们能从挫折中很快地站起来，才获得了令人仰慕的成就。

在妈妈的正确引导下，启帆终于走出了失败的阴影，他上课再也没有走神，思想也不再开小差。由于学习时集中了注意力，经过一段时间后，启帆的成绩有了明显提高。

我们看，只要我们找到孩子学习不能专注的原因，并采用相应的办法，就能帮助孩子有效提高专注力。当然，如果妈妈们能够在日常生活中辅以专项训练，效果一定会更好。

（1）视觉注意力训练。让孩子看一些照片或图片，并提出一些问题。比如，给孩子看一张照片，让他说说照片里都有什么人、几个男人、几个女人、几个大人、几个小孩，他们每个人都在干什么等。让孩子观察的东西要不断地变换，不然他就会失去兴趣了。

（2）听觉注意力训练。给孩子讲故事，故事讲完之后，妈妈要提问题，让他回答。如果妈妈能够在讲故事之前，就把要问的问题提前告诉孩子，效果会更好。

（3）动作注意力训练。妈妈通过让孩子完成特定的动作，来达到训练注意力的目的。比如，妈妈教他做一些体操动作、舞蹈动作或一些游戏动作，就能达到这种效果。

（4）混合型注意力训练。实际上，这个训练模式就是把眼睛看、耳朵听和做动作结合起来。它既可以训练孩子的视觉、听觉，又可以训练他们的动作。这种训练难度大，妈妈可以边说边示范给孩子看，让孩子跟着做，也可以由妈妈说出一种行动，让孩子表演出来等。

专注力是从小就需要培养的一种品格，它是一个人能高度集中于某一件事情的能力，是一项非常重要的心理素质。正所谓："书痴者文必工，艺痴者技必良。"从小训练孩子的专注力，可以让孩子一开始就养成集中注意力的习惯。每位妈妈都应该从小培养孩子的专注力，因为专注力不仅可以帮助孩子提高学习成绩，还可以使孩子更加聪明伶俐。

粗心·马虎特大意，专项训练解难题

云峰各方面表现都不错，就是马虎、粗心、不认真，心大得很。

他做事情总是丢三落四。比如，做完作业不收拾，第二天交作业经常找不到作业本；又如，着急出门不带钥匙，总把自己锁在房门外。有一次参加夏令营活动，他甚至把自己的背包都弄丢了，害得妈妈不得不驾车几百里给他送生活必需品。

他学习中审题非常不认真，一目十行，丢字落字，经常把O看成0，把÷看成－，把分米看成米，把图形数错，因而一错就是一大片。你给他指出来，他还嘴硬："有什么大不了的，我又不是不会做，认真一点就不会错。"可他什么时候能认真呢？

他做题边玩边做不利落，写字龙腾虎跃特跳脱，考试因此扣分多，气得爸妈总发火，可任你批评打骂，他就是不改啊！

最令父母担心的是，如此下去，他的粗心一定会变成一种行为方式，最后演变为做任何事都冒冒失失、粗枝大叶，云峰最终会成为一个人生错漏百出的"马大哈"。

孩子粗心，父母头疼，教师头疼，连心理学家也头疼。

孩子粗心的原因其实是多方面的。

比如，气质因素。属于这种因素的孩子对感觉刺激的敏感性较差，注意力又比较容易受到外界的干扰。

又如，知觉习惯因素。属于这种因素的孩子对知觉对象的反映不完整、分辨不精细。

再如，兴趣的因素。属于这种因素的孩子对感兴趣的事情比较认真仔细，对不感兴趣的事情却马马虎虎。

粗心的孩子的突出特点是动作快、脑子慢。这种孩子做事之前一般不会耐心细致地观察和思考问题，因而事情做完之后常常会漏洞百出。这种情况一般会随着孩子认知能力的提高而有所改善，但是对那些已经形成粗心习惯的孩子，如果不对他们进行耐心细致的指导，改变他们的不良习惯，帮助他们形成新的知觉、思维和行为的模式，那么他们就只能当一辈子"马大哈"了。

粗心的儿童并不鲜见，美国的儿童心理学治疗专家金斯伯格教授通过长期研究证实：有的孩子粗心可能是患有一种注意力难以集中的病症——注意力缺失症，其典型症状就是时不时无法控制自己的行为。

以前，医生们倾向于把儿童特别多动和精神难以集中而总在自己的世界里胡思乱想视作两种不同的病症：前者为小儿多动症，后者则为注意力分散症。但是，金斯伯格教授领导的研究小组已拥有越来越多的证据显示，两者是由大脑出现的完全相同的问题引起的，只是因为患者性格不同，以致表现出的症状也不同罢了。具体来说，如患儿性格外向，即表现出属冲动型的多动症；相反，如性格内向，则往往表现出属分散型的精神不能集中。

　　美国加州大学欧文儿童医疗中心的史沃森指出，约占3％的学龄前儿童患有这种注意力缺失症，但遗憾的是，在世界许多地区，或由于传统文化的原因，或由于诊断和医疗条件的限制，注意力缺失症至今仍未被当作一种疾病，当然也更谈不上给予有效治疗了。如在相当多的东方国家，粗心普遍被父母看作一种"性格缺点"，粗心的儿童因此要么被放任自流，要么遭到辱骂或棍棒处罚，其大脑中负责支持和控制自己行为的部分明显缺乏活力。史沃森还说，这些儿童如得不到科学治疗，其中近一半的儿童无法坚持在校学习，长大后违法乱纪者的比例也随之提高。

　　心理学家为妈妈们提供了以下方法来改变孩子粗心的习惯：

　　（1）妈妈要注意培养孩子良好的知觉能力和辨别能力。孩子之所以粗心，就是因为缺乏良好的知觉能力和辨别能力。妈妈要提高孩子这方面的能力，就必须采取有效的办法。比如，向孩子提供"找相同点"和"找不同点"的图画，让孩子去发现图画中各种细节上的变化，培养他们仔细地观察事物和仔细地比较事物的能力，并且要求他们把比较的结果用语言大声地讲出来，以便巩固知觉能力。这种活动随时随地都可以进行，哪怕是看到树叶上的一只小虫，妈妈也可以让孩子去仔细看看，看清楚虫子身上有几个花斑、几条腿等。

（2）妈妈要训练孩子从不同角度去观察和思考问题的能力。小孩子的思维缺乏可逆性，很难从不同的角度思考同一问题，因而需要妈妈进行很具体的指导。比如，将两根一样长的木棒前后错开放在孩子面前，问他哪一根长。试验表明，有的孩子说上面一根长，有的孩子则认为下面一根长。这时，妈妈可以引导孩子换一个角度再看这两根木棒。说上面一根长的孩子是因为他只注意到木棒左端，当让他同时再看看木棒右端，他的说法可能就会改变了；说下面一根木棒长的情况则相反，孩子只注意到木棒右端的长短，而忽视了木棒的左端。通过这个例子，妈妈要让孩子学会从不同角度观察事物。

（3）妈妈要及时纠正孩子粗心的错误。妈妈发现孩子因粗心而犯错误，应该及时要求他重新更正，用新的动作去纠正原有的习惯动作，塑造新的动作。这对于克服粗心也是完全必要的。必要时，妈妈可在旁边给予具体指导，"扶一把"，就能防止孩子重复出错。

纠正孩子的粗心是一件细致的、艰难的、需经常反复的工作，需要妈妈高度的责任心和耐心，不可急躁，更不可以责骂，因为被骂得情绪紧张、兴致全无的孩子只会变得更加粗心。

家有"小·磨叽"，妈妈千万别起急

奕娆每天上学前，都要把妈妈气得够呛。

妈妈催促她赶紧刷牙洗脸，换衣服和鞋子，小丫头就是不紧不慢，慢慢腾腾。妈妈急了，冲着奕娆大喊大叫，奕娆要么丢给妈妈一个鄙视的眼神，置若罔闻，要么嘴里碎碎念，和妈妈对抗。如果妈妈再严厉一点，奕娆就会哭鼻子，然而行动仍然不会跟上，依旧磨磨蹭蹭、拖拖拉拉。这对母女较量的结果就是，奕娆上学经常急匆匆赶时间，妈妈上班也经常急匆匆赶时间。对于这个熊孩子，妈妈很恼火，也很无奈，打又舍不得打，管又管不好，她真不知道该怎样办才好了。

明明三下五除二即可完成的事情，却总是拖着不办；明明一个小时就可以写完的作业，总是要拖延到两个小时以上……很多家长为此头痛欲裂，生活和学习的节奏越来越快，可拖延行为却在孩子身上蔓延开来，如果不能及早纠正，孩子长大以后真不知道会变成什么样子。

拖延的孩子遇到什么事都要向后推诿，而拖延习惯的养成对人生事业有百害而无一利。古往今来，那些有大作为的人物，鲜有拖延的习惯，相反，当机立断、雷厉风行似乎是他们的共性。

人的性子可以稳，但绝不能慢。拖拖拉拉、懒懒散散的人绝对不会有大出息。从这个角度上说，改变孩子拖延的习惯，推动孩子走上"大有作为"的人生大道，是每一位家长必须重视的问题。家长们任重而道远。

想要纠正孩子的拖延行为，首先要找到拖延的根源。那么，孩子为什么会拖延呢？

有个朋友，小时候被父母认为是不可救药的拖沓孩子，当然，他现在也很拖沓，他说："其实当时我能更快地完成作业，但每次我提前完成，老爸老妈就会千方百计地在我的作业里找错误，如果我的作业全做对了，他们就会说我字写得不工整，所以我干脆慢慢写，写到他们没时间挑剔为止。"

另一个朋友马上附和道："你的情况和我差不多。如果我把作业很快完成了，我父母就会再给我布置课外作业，我还是不能玩，所以我当时一边写作业一边玩，这样我总算还有一点玩的时间。类似的错误，咱们可不能在孩子身上再犯啊！"

由此我们不难看出，孩子的拖延其实是和父母密切相关的。

心理学家通过对拖延症患者的研究发现，五种家庭倾向和与之相伴随的内心恐惧是形成拖延的心理原因。这五种家庭倾向是：施压、怀疑、控制、依附和疏远。

这些原因其实本质上都与爱有关。但在孩子看来，这些爱是有条件的，只有符合父母的要求，达成父母的期望，他们才有可能被爱。这个时候拖延就会成为一种工具，孩子通过把事情完成的时间拉长，来表达对父母爱的条件的不满。

因此，对待已经开始拖延的孩子，第一步就是要让他们感受到无条件的爱，这个是基础。只有孩子内心不存在恐惧，才能正视不完美的结果，而不惧怕去完成某一件事情。

我们还要让孩子知道，他才是自己事情的主人，他必须对此负责，不能依赖别人，爸爸妈妈不可能一辈子帮他做事。

我们需要给予孩子选择的余地，不要把我们的意志强加给孩子，我们需要尊重他的意愿，但是如果他进行了自主选择，就一定要监督他完成。

我们要表扬他的努力、坚持，而不是因为结果去表扬。我们不要只表扬孩子作业没有错，而是要表扬他在做作业时的态度。

当然，面对孩子的拖延问题，妈妈们该惩罚的时候也要惩罚。

雨欣早上洗漱吃饭磨磨蹭蹭，导致上学迟到。妈妈心想，这熊孩子一定会被老师批评，活该！就该给她点教训。

结果，中午的时候，孩子放学回家，妈妈在孩子脸上看不到任何羞愧感，妈妈敏感地意识到，老师应该没有批评她。

当天下午，雨欣妈妈就和老师沟通了一下，请老师狠狠批评一下自己的孩子，给她一点"教训"，让她对自己的错误有所悔悟。

老师听到这话，也是相当意外，如今这个年代还有家长主动为孩子讨批评的？她都很多年没有听到这么有趣的要求了，于是老师笑着就答应了下来："好的，我下午开班会的时候一定狠狠批评她。"

这天下午放学，雨欣一进家门就立刻求妈妈带她去买闹钟，回来后立刻将定时调到六点半，然后才长松一口气。

打这以后，雨欣每天都是自己按时起床，动作也比之前利索多了，再也没有迟到过。而且，她不管去哪，都要随身携带自己的小闹钟。

在对孩子的所有教育中，慎始很重要，在他第一次犯错的时候就及时纠正他，这会让他受益终身。

总之，纠正孩子的拖延行为，家长首先应从自身做起，只有我们认识到自身的错误，反思出孩子拖延的根源，我们才能更好地应对孩子的拖延行为，帮助他们祛除拖延顽疾。

孩子作业拖延，不能硬管，要会管

有个妈妈仔细观察了儿子到底是怎么写作业的，她发现儿子写一个小时的作业站起来 7 回，一会儿打开冰箱看看有什么好吃的，一会儿打开电视看看动画片开始了没有，不到十分钟站一会儿转两圈，这样写作业能不磨蹭吗？

于是，妈妈对儿子说："你是一个很聪明的孩子，但是我刚才给你数了数，一个小时站起来 7 回，是不是太多了？我看你写一个小时的作业站起来 3 回就差不多了吧。"

儿子觉得妈妈挺宽容的，便说："好吧，那就 3 回吧。"

妈妈继续说："你如果一个小时内站起来不超过 3 回，当天晚上的动画片随便看。"

儿子听了高兴的不得了。妈妈又说："先别开心，有奖必有罚，如果你一小时写作业站起来超过了 3 回，当天晚上就不能看电视，包括动画片。"

于是，母子协议达成了。

结果 5 天下来，儿子 3 天做到了一小时写作业站起来不超过 3 回，兴高采烈地看了动画片，但有两天忘了，一到了 6 点钟就急，因为不能看动画片，可怎么央求妈妈也不能破例。

就这样，经过三个月的训练，这个孩子终于养成了专心写作业的好习惯。

还有一位妈妈，望子成龙心切，以前孩子不能按时完成作业，她非打即骂，后来看了一本家庭教育类图书，颇受启发，渐渐改变了教育态度。

那个周末外出之前，她和儿子商定，在妈妈回来之前一定要完成作业，并叮嘱孩子累了可以适当玩一会儿，但不要边玩边写，这样玩没玩好，学习的效果也大打折扣。

那天下午五点左右她回到家中，儿子躲躲闪闪心神不宁，她猜想儿子一定是作业没完成，就顺口问了句："作业写完了吗？"孩子不说话，先是把写好的语文作业拿给了她。她看了看，语文作业倒是写得不错。但数学呢？她快步走进儿子的卧室，来到书桌旁，发现数学作业只写了一点点，她的火气一下子就蹿上来了，但还是迅速忍住了。

她尽量让自己平静下来，并拿出那本家庭教育类图书，参考怎样处理眼前的情况。读完之后，她的情绪较之前舒缓了一些。看见儿子不敢来吃饭，她找个理由让儿子赶快过来吃："儿子，吃完晚饭后想去跟教练打会儿乒乓球吗？"

孩子迟疑了一会儿，他大概还在等待妈妈发火，因为这是妈妈之前一贯的做法。她和颜悦色地又问了一遍，这时孩子才壮起胆子，坐在餐桌上吃饭。

吃完饭，她和孩子一起去体育馆打乒乓球，那天恰巧教练不在，于是母子二人散步回家。她拉着孩子的手，这样双方的对立情绪慢慢都消除了。她见儿子彻底平静了，才开口问道："儿子，对于没有完成作业这件事，你怎么看？"

"哦，我错了妈妈，我这样做很不好。"

"你还记得咱们对不完成作业是怎么约定的吗？"

"记得，一个星期不准看动画片。"于是，按照约定，孩子答应一个星期不看动画片。

回到家中，她又问儿子，以后怎么克服这种坏习惯？孩子想了很久，也没有想出合适的办法，他觉得自己还是需要妈妈来监督。

妈妈没有认同，建议孩子再想想，或许能想出更好的办法能让自己按时完成作业。另外，她也在反思自己，在给孩子的作业具体化的过程中，有没有完全征得孩子的同意？是不是成了霸王条款？孩子会不会因嫌作业任务太重而产生畏惧和懈怠呢？她觉得自己还有很多需要改进的地方。

尽管针对这件事孩子还没想好怎么去做，但她还是蛮开心的，因为自己首先改变了以往处理问题的方式，用温和的方式促使孩子反省自己的错误，并把责任还给了孩子。她相信孩子一定能想出解决问题的办法，并一定能做到——即使没有别人监督也能按时完成作业。

孩子做作业时精力不集中，写着写着就停下来，不知在想什么，写作业时多余的动作特别多，比如找橡皮。刚刚学过的有印象的字还要照着书看着抄下来，这一遍写完了，下一遍还照着抄，不能连续地写，写作业不能独立完成……这一系列习惯性的拖延，真是让家长又急又窝火，怎么办？打骂吗？当然不行！克服行为习惯上的拖延，不靠打骂，靠训练。

那么，针对孩子写作业拖沓这件事，家长们应该用哪些方法加以纠正呢？下面，给大家综合一下教育学者和聪明妈妈的妙招。

（1）一分钟能做多少事。准备几十道简单的加减法口算题（根据年级不同，难度可以不同）。在一分钟之内，看孩子最多能做多少道题，让孩子感觉到，一分钟都能做十多道小题，而自己写作业的时候，有时候几分钟也写不出一道小题。或者找一些笔画和书写难度相当的生字，看孩子在一分钟内最多能书写多少个字。妈妈记下每次的情况，并进行对比。

这样的训练能够使孩子体会到时间的宝贵，并认识到，原来一分钟可以做很多事情呀！它在引导孩子珍惜时间的同时，也能提高孩子的写字速度和做题速度。

（2）和孩子一起学习。妈妈和孩子一起制定一个完成作业的时间表，帮助孩子养成良好的完成作业的习惯。每天固定时间来做家庭作业。如果没有作业，这个时间段内也要学习，让孩子养成固定时间学习的习惯。

除了鼓励孩子完成家庭作业外，妈妈还应该鼓励孩子学会在阅读时做笔记、学会看图表、学会用自己的语言总结阅读的内容、制作记忆卡片等。在孩子做作业的时候，妈妈不妨也看看书，让孩子感觉到我们是在和孩子一起努力。

（3）和孩子比赛看谁快。训练缩短孩子生活自理行为的时间。比如，妈妈和孩子比赛穿袜子，看谁更快。在比赛之前先教会孩子穿得快的方法，手把手地训练。妈妈在比赛时，可以故意放慢一点，让孩子觉得有取胜的可能，甚至有时候不经意输给孩子，让孩子觉得自己能做得快。妈妈让孩子在生活中做事快，孩子在学习中才会快起来。

（4）给孩子营造良好的学习环境。孩子在做作业时，妈妈尽量不要一会儿给孩子递个苹果，一会儿又让他喝杯牛奶等。有时候，我们的"特别照顾"反而会影响孩子做作业的思路，使他很难集中注意力，导致做作业的时间拖延的比较长。如果有可能的话，在家里给孩子布置一个安静、舒适、光线良好的学习区域。这可以在家里的任何地方，不一定非得有一个专门的房间，但最好固定下来，不要让孩子每天换一个地方。

（5）灵活安排做作业的时间。孩子放学后，如果有有益的电视节目，孩子又非常想看，不妨让孩子把电视看完再做作业，要不然他做作业时心里也会一直惦记着看电视，作业也会做不好的。但是，妈妈一定要给孩子讲明，看电视和做作业是有轻重和主次之分的，只有在不影响学习的前提下才可以通融。

总之，孩子做作业磨蹭，妈妈一定要用耐心和爱心帮助孩子逐步改正，不要操之过急，要注意总结方式方法，不断提高孩子完成作业的速度。

以小·事为契机，引导孩子学会时间管理

有一只蜜蜂，每天胡飞乱撞，虚度光阴。小伙伴们劝它："珍惜时间，做有意义的事情吧，否则等你失去时间，你会追悔莫及！"

蜜蜂觉得很奇怪："时间是什么？它是谁？它从哪里来？要到哪里去？"小伙伴们也不知道该怎么给它解释，就对它说："你看到那个挂钟了吗？那里面走动的就是时间。"

蜜蜂还是觉得一头雾水，于是决定飞进挂钟里看个究竟。它在挂钟前面飞来飞去，上下寻觅，好不容易找到一个小窟窿，它高兴极了，一头钻了进去。在挂钟里，蜜蜂并没有看到什么神奇事物，它只见到钟摆在一下一下有规律地摆动。蜜蜂心想："这就是时间吗？我和它有什么关系？我怎么能够浪费到它？我就算浪费了它又怎样？"

蜜蜂在挂钟里睡了一觉，伸了个懒腰，正准备飞出去快乐玩耍，却发现它飞进来的那个窟窿被人堵住了。蜜蜂四处冲撞，大喊大叫，大声哭泣，却始终没能引起别人的注意。最后，它死在了挂钟里。临死前，蜜蜂才恍然大悟："原来，时间就是我的生命啊！"

"时间是构成一个人生命的材料。"一个人所拥有的时间可长可短，关键看这个人怎么对待时间、分配时间。妈妈们应该

教孩子从小就学会珍惜时间，因为珍惜时间的人，往往有所成就；浪费时间的人，往往虚度年华。

因此，如果你家熊孩子对时间毫不在乎，你就需要巧妙引导。

有一位妈妈，发现她的孩子时间意识非常差，拖沓、虚度、不爱学习，但她并没有大声责骂他，她决定找个好机会，给他一个深刻的教训。

有一天，这位妈妈拿来一根 80 厘米长的木棍，孩子见到木棍，瞬间瞪大了眼睛，流露出满满的惊恐。

妈妈晃了晃手中的棍子，对孩子说："人的一生就像这根棍子一样，80 年左右。前 20 年，是努力学习，充实自己的时间，但如果你游手好闲，虚度光阴，这段时间就荒废了，我们需要把它减掉。"说完，她手起刀落，木棍被砍掉 20 厘米。

接着，她又说："人在 60 岁以后，身体加速衰老，基本进入养老阶段，做不了什么事情，所以后面 20 年，我们也要把它去掉。"说完，又是手起刀落，木棍再次被砍去 20 厘米。

妈妈继续说道："剩下 40 年，有三分之一还要多一些的时间，我们在吃饭、睡觉，所以还要去掉一段。"说着又手起刀落。看着妈妈不断挥舞的砍刀，孩子的心一次次被震撼。

妈妈接着说："你和别人不一样，这剩余的时间，别人在努力学习、努力工作，而你小小年纪就开始虚度光阴，游手好闲，不务正业，所以还要再砍，至于砍多少……"

这时孩子急了，他对妈妈说："妈妈，你别砍了，我知道自己做错了。"

妈妈趁机教育说："你不知道，你不知道自己一生还要生多少场病，有多少次应酬，时间留给你学习的机会已经不多了。你还拿来挥霍，实在是太不应该了！"

孩子真的领悟了，从此一改惰性，努力学习。

这样的妈妈值得我们学习。然而，有些父母却不这样认为，他们觉得培养孩子的时间观念顺其自然就好，等孩子长大了，自然就懂得珍惜时间了。其实不然，我们所说的时间观念，不仅是对时间的认知，更重要的是对时间的感觉、安排和掌控，这是一种习惯，这种习惯如果没有从小养成，长大后想要改变真的很难。

事实上，任何一个好习惯的养成，都离不开良好的家庭教育，孩子时间观念的培养，与父母在他年幼时的引导息息相关。

德国无机化学家阿道夫·冯·拜尔，就是其中典型的例子。

那是在拜尔 10 岁生日的时候，前一天晚上他躺在床上就高兴地预想着父母一定会送他一份大礼，并为他热热闹闹地庆祝一番，因为德国人对家人的生日是十分重视的。

但是，那天早晨起床以后，父亲还是老样子，一吃完早饭就伏案苦读，母亲则带着他到外婆家消磨了一整天。小拜尔有些不高兴。细心的母亲发现了，耐心地开导他："在你出生的时候，你爸爸还是个大老粗，所以现在他要和你一样努力读书好参加明天的考试呀！妈妈不想因为庆祝你的生日而耽误爸爸的学习，妈妈在为明天我们的生活能够丰富多彩而尽心尽力呢。你也要学会珍惜时间学习呀！"这番教诲从此就成为拜尔的座右铭，他认为："10 岁生日时，母亲送给我一份最丰厚的生日礼物！"

从那以后，阿道夫·冯·拜尔每天都起得特别早，生怕耽误一秒的学习时间。天微亮，他就已经在苦读了；当其他孩子在放学嬉戏时，他仍埋头在案；吃饭的时候，他也手不释卷。这样，过了许多年后，他终于登上了诺贝尔奖的领奖台。

由此可见，孩子能珍惜时间去学习，或做有意义的事情，并终其一生，一定会有不凡的成就。即使孩子不能有那些名人的成就，那么他至少也不会虚度人生了。

孩子时期的事情，主要是学习，因而家长可以根据孩子的具体情况，合理地安排孩子的学习时间，以培养孩子珍惜时间的好习惯。

刚上二年级的宇凡最近常向妈妈抱怨时间越来越不够。原来，宇凡 17：00 放学后，从学校到家要坐半小时的公交车，而这中间往往要等上十几二十分钟才能等到车。到家往往是 18：00 了。

回家后，宇凡首先需要学习半小时，但是 18：30 有宇凡爱看的动画片；19：00 吃晚饭，19：30 到 20：30 是宇凡的学习时间，20：30 时，宇凡就得睡觉了。这样，宇凡实际学习的时间只有一个半小时。现在，老师又规定每个学生必须在 19：00 收看《新闻联播》。这样，宇凡的学习时间就更紧张了。

后来，妈妈帮宇凡想了一个好办法。妈妈教宇凡把当天要记忆的词语或者英语单词制作成小卡片带在口袋里。在公交车站等车的时候，他默默地记忆。这样，在等车的十几分钟里，至少有 10 分钟的学习时间。上车后，宇凡可以继续在车上记忆词语，这样，又多了至少20分钟的学习时间。18：00到家后，妈妈让宇凡马上复习当天学过的内容，把老师讲过的内容和课堂上做的笔记从头到尾地看一遍。

18：30，宇凡看动画片时，妈妈争取在19：00之前做好晚饭，提早开饭。这样，宇凡在吃晚饭的同时，可以收看《新闻联播》。19：30到20：30，依旧是宇凡的学习时间，这部分学习时间主要用来做当天的作业和预习第二天要学习的内容。

这样，宇凡不仅把所有的事情都做完了，而且学习时间又增加了半个小时。

合理安排孩子的学习时间，就已经是在培养孩子珍惜时间的好习惯了。培养孩子珍惜时间的好习惯，妈妈们可以参考以下几点：

（1）让孩子正确认识时间的价值。如果孩子对时间没有什么概念，也不知道时间对于他来说有什么用处，那他当然也就不会去珍惜时间。因此，妈妈应该通过某些事情或是某种途径来告诉孩子时间是最宝贵的，要学会珍惜时间。

（2）让孩子制定作息时间表。良好的作息习惯是养成时间观念的前提。妈妈可以和孩子一起制定一张作息时间表，什么时间起床，洗漱要多长时间，吃早餐要多长时间，放学后先做什么，然后做什么，几点睡觉等，都可以让孩子做出合理的安排。孩子往往分不清自己要做的事情的重要程度，妈妈可以指导孩子每天把自己要做的事情按照重要程度和紧迫程度排列顺序。

（3）教孩子有效率地利用时间。每个人都有生物规律，孩子也是如此。妈妈可以让孩子注意观察自己的特点，掌握自己的最佳学习时间，然后把重要的学习内容安排到最佳时间里去学习。

（4）多给孩子一些自由支配的时间。有些时候，孩子是因为父母把自己的时间安排得满满的，完全没有可自己自由支配的时间，才会不珍惜时间，做事拖拖拉拉的。因此，妈妈要多给孩子一定的自由支配时间，让孩子去做自己想做的事，这样反而会帮助孩子更好地珍惜时间。

（5）父母对孩子要有适当的奖惩。对于没有时间观念的孩子，父母尽量不要干扰他的学习。如果孩子已经能够在一定的时间内保质保量地完成学习任务，父母就应该及时给予肯定和鼓励。当孩子没有按规定去做时，父母则必须给予应有的惩罚。

把孩子的问题，交给孩子自己处理

某天学校公开课，家长们受邀前去旁听。一个长得特别好看的小女孩，独自坐在休息区的椅子上看书。她翻了一会儿就坐在那里发起呆来，旁边一位家长认识这个女孩，便问她："璐璐，你妈妈怎么没来啊？"

女孩撇撇嘴，不高兴地说："她忘记给我拿语文书和练习册，回去取了，她总是这样，啥都忘。"

"哦……"那位家长意味深长地叹了口气，回应了一个字，然后就不再说话了。

离上课还有十分钟，孩子们陆续走进教室，家长们则坐在最后两排旁听。

老师的课讲得很生动，孩子们也热烈地与老师互动着。课讲到一半，有敲门声，老师打开门，一位家长拿着书本快速走到那个叫璐璐的小女孩旁边："宝贝，快！给你书！"女孩低声埋怨了一句："妈，你怎么才来呀，都上课半天了。"那位家长没出声，一脸尴尬与愧疚，低头快步走到后两排落座。

下课后，那位妈妈快步走到女儿身旁："宝贝，你的练习题都跟上了吗？"

"没有，前面的我都没跟上，我没有练习册啊！"

"你可以和旁边的同学合看一本的呀！"

"可我不能在上面记题写字啊，反正我是没听好。"

"没事，没事，等回去以后妈妈再和别的家长要答案，下次妈妈帮你想着，再别忘带就是了。"

听到这里，不禁要问：孩子的成长，这位妈妈你要全程代替吗？如果你总是习以为常地为孩子铺垫好一切，考虑好一切，那么孩子自己的成长呢？

其实，在不少家庭都有这样的情况：孩子的作业拖到很晚，妈妈也会陪着孩子完成，有些妈妈甚至亲自上阵帮孩子解决难题；孩子磨磨蹭蹭眼看上学就要来不及了，父母也会想方设法把孩子准点送到学校；孩子丢三落四，不是忘记带书就是忘记带作业，妈妈赶忙开车给送过去……妈妈爱子心切，总是想方设法帮孩子承担因其自身行为而产生的后果，为孩子的行为买单。

要知道，无论你看起来多么严厉，如果经常扮演"救生员"的角色，孩子就没有办法体会到自身不良行为带来的后果，导致他们错误地认为，这种恶习似乎并没有什么大不了的，久而久之，就会把大人的帮助视为理所当然。

会教育的妈妈重视孩子的独立性，也会让孩子独立承担能够承担的责任。

清颜进入小学以后，妈妈就告诉她，自己能做的事情要自己做，自己做错的事情要自己承担，还和她"约法六章"。

（1）自己能做的事情，尽量不要依赖别人。

（2）凡事能早则早，不要等到时间快到了才心急火燎，这样是做不好事情的。

（3）做事要有计划，不可东一榔头西一棒子，想到哪做到哪。

（4）每天入睡之前，准备好第二天上课要用的书本用具。

（5）如果粗心大意忘记了带东西，妈妈只提醒两次，如果第三次还忘，那就自己承担马虎的后果。

（6）有不会的问题，先自己查资料，如果不能解决，再和妈妈探讨，如果还不能解决，再去请教老师。在问老师这件事上，妈妈绝不代劳。

这样一路走来，清颜独立处理事情的能力越来越强，孩子慢慢养成了做事细致认真的习惯，虽然偶尔也有忘记，但她会很快调整过来，绝不会依赖父母，也从不用爸爸妈妈替她做，因为她觉得这些都是她自己应该做的。

这位家长的做法非常值得肯定。孩子的成长，必须要由孩子自己来经历，凡事都要父母帮着做，什么时候他才能真正长大呢？

在孩子的成长过程中，有很多事情需要他们独立完成，并且他们也完全可以独立完成，而很多妈妈却剥夺了孩子的这个权利和收获成功的喜悦。我们中国的妈妈们总习惯于提前帮孩子把路铺好，让孩子少走弯路，殊不知，这也让孩子们少了探索的经历，缺少了独立判断。

孩子的成长说到底是孩子自己的事，我们只能协助，不能代替。家长的替代会给孩子埋下无能的种子，导致他们缺乏思考能力、判断能力、动手能力，马虎、拖延也会随之而来。孩子的成长需要体验，有意识地让孩子从小吃点苦、受点罪、跌几个跟头，让他们自己为自己的行为买单，这样不仅可以丰富孩子的社会经验，更重要的是，能使他们在挫折中悟出道理，锤炼本领，改掉毛病，为人生的成长积累面对挫折的勇气和独立处理问题的良好能力。

请记住我们的忠告，家长不能代替孩子成长。

Chapter 8

孤僻霸道暴脾气，
内建情商管理，磨炼熊孩子社交力

拥有不好的性情，就会做出不好的事情，就会造成不好的影响，就会深陷失败的人生。

从这个层面上说，内建孩子的情商管理，也就搭建起了孩子的优质人生，改变孩子性情中的缺陷，也就改变了孩子糟糕的未来局面。

孩子稚气未脱，性情尚未定型，有很大的可塑性，这个时候精心培养他的良好性情，将会让孩子受益一生。

孩子天性孤僻？那是你的理解有问题

心蕊是个"与众不同"的小姑娘，入学快一年了，可是她还完全没有适应校园生活。

心蕊妈妈用尽办法，女儿早上上学终于不哭了，可她上课不专心，回答问题不积极，不愿意与老师互动，也不愿意与同学交往，从来不参加班集体的各项活动。心蕊喜欢一个人默默地坐在自己的座位上，就那样默默地坐着，心蕊妈妈和老师一直在努力帮助她融入班集，可是效果并不好。

一次课外活动，同学们都在做游戏，心蕊依旧一个人默默地坐着。同桌庆刚见状，走到她的旁边，想拉她一起去玩，可心蕊一把推开庆刚，一脸厌恶地喊道："滚开！"原来，心蕊不喜欢别人接近自己。

老师见状，走过去安慰庆刚几句，然后转头鼓励心蕊："心蕊，怎么不和同学们一起玩呢？你看大家玩得多开心，我带你加入他们吧！"老师说着，拉着心蕊的小手向同学们中间走去，可是还没有走几步，心蕊就哭了起来："我不想和他们玩！我不想和他们玩！"

关心和被关心是人类的基本需要。在人生的每一个阶段，我们随时需要被理解、被接受、被认同，但是现在的孩子们，缺乏兄弟姐妹在一起玩乐的友爱，所以大多养成了很"独"的性格。这样的孩子，在青春期如果依然独来独往，没有可以在一起分享快乐、分担烦恼的同学和伙伴，成年后，他的心理就有可能出现问题。

儿童心理学家详细分析了不同类型的孩子有孤独倾向的原因，当我们面临类似的情况时，就可以用不同的方法来给予孩子恰到好处的帮助。

（1）不合群的原因一：常受到指责和呵斥。这类孩子通常有过说错话或做错事而受到指责和呵斥的经历，他在一次又一次被否定之后，会不知所措，认为自己不如别的小朋友聪明，与其说错话，还不如沉默。

这样的孩子，妈妈对他应多加鼓励，尤其对于他的优点、正确的行为要时不时地给予夸奖，即使他做错事或说错话时，也应委婉地告诉他错在哪里，应该怎么做。同时，可以先帮助他邀请一些小朋友来家里玩，渐渐地，让小朋友也能接受他进入他们的集体，从而让孩子能树立足够的信心进入交际圈。

（2）不合群的原因二：过多地得到父母的保护。如果孩子在父母面前活蹦乱跳，而对外人却沉默寡言，那么多半父母是他生活中的代言人。没有父母，孩子就好像和世界失去了联系，父母的行为在无意中纵容了孩子的孤僻心理和挫败了他独自面对世界的能力。

这样的孩子，妈妈首先要调整与孩子的关系，鼓励孩子和周围的叔叔阿姨们打招呼，注意礼貌，而且听到大人们说了些什么，也可以大胆地表达自己的意见。同时，要给孩子创造一些条件，比如他想吃巧克力，父母可以给他钱让他自己去买，如果他不想去，就吃不到，直到他愿意去做，并且从中发现这是很容易做到的。

（3）不合群的原因三：固执和倔强的性格。有些不愿意交际的孩子很有性格，他们拥有的意志和小动物一样顽固。在成人面前，他们不愿意开口，但是他们能认真地听并理解大人说的话，比其他孩子更能准确地判断所发生的事。这样的孩子更希望和他在一起的小朋友对他言听计从，被他呼来唤去。而他们有时不愿意开口，多半是骄傲的个性使然。

这样的孩子，妈妈要让孩子掌握足够多的交际技巧。一方面，要鼓励孩子和大家友善交往；另一方面，在孩子间出现矛盾时要及时化解。妈妈要告诉孩子多看到小朋友的优点，对小朋友有意见时应尽量悄悄地和他们说，并且态度要温和，还要说出理由，这些适用于成人世界的交往规则，孩子同样应该了解。

当然，最重要的是，我们一定要起到表率作用。父母本身具备的品德，一般在孩子身上都可能找到。因此，我们首先要为孩子创造出一个良好的家庭环境。一个整天吵闹不休的家庭，很难造就出一个具有和蔼品质的儿童。我们对他人的热情、平等、谦虚等处世原则和行为，是孩子最好的直观而生动的教材，会在潜移默化中培养出孩子尊重别人、爱护别人、能与别人和谐相处、默契合作的良好品性。

封闭教育，将孩子与社会完全隔离

有这样一家人，夫妻二人都是教师，只有一个独生子，因而对儿子的教育非常严格，孩子从小就被"圈养"在家里。

这家的妈妈特别爱干净，儿子的小朋友到家里玩，如果把屋子弄乱了，她会很不高兴，并警告孩子，下次不要再把小朋友带到家来。就这样，孩子的朋友变得越来越少，他也越来越不爱与小朋友们交往了。

等孩子稍大一点，她又常告诫他，外面坏人多，对谁都要提防点，做什么事都要小心。

孩子上初一那年，一天上完晚自习，独自一个人回家，在一条小巷子里，看到几个社会青年正在殴打一个学生模样的男孩，妈妈的叮嘱顿时变成了他目睹的事实。他吓得瑟瑟发抖，拼命地跑回家，后来经过很长一段时间，这种恐惧感才慢慢消失。恐惧感虽然消失了，但恐惧的痕迹还存在。每当孩子看到陌生人，就会产生莫名的恐惧，在惶恐、矛盾、徘徊中，他变得越来越孤僻。

从儿童心理学上讲，社交心理是孩子心理健康的一个重要标志。如果父母没有为孩子培养一个正常的社交心理，那么孩子将自我封闭于一个相对固定与狭小的环境中，由于隔绝了人的交往而往往容易产生心理障碍，常见的表现是自闭，胆怯，自私，任性，不帮助别人，也不让别人帮助，忽而自傲，忽而自卑。

有的孩子可能学习成绩不错，显示智商颇高，但情商可能偏低。这样的孩子不仅人际交往能力不足，而且不会妥善处事。造成这种情况的原因可能是被长久关闭在与爸妈的小天地里，没有同小朋友玩耍的环境，很难交得知心朋友而导致的性格变异。

杨女士在生燕燕前，是一家大企业的高薪白领。因为一直忙事业，怀燕燕时她已经是高龄产妇了。为了把孩子培养成才，她无法再兼顾事业，于是辞去了光鲜的工作，一心一意当起了全职妈妈。

杨女士把燕燕的教育当成事业去做，不仅把燕燕的日常生活照顾得无微不至，而且从孩子出生起，就非常注重对她的教育。燕燕2岁多的时候，就能够数数、背唐诗、读英文字母了，没少赢得亲朋好友的赞许，杨女士也因此成了大家眼里榜样级的全职妈妈。

但是，从燕燕上幼儿园开始，问题就来了。

虽然燕燕没有像其他小朋友那样，在入园初期大哭大闹，但杨女士发现，自从上了幼儿园以后，燕燕的情绪就大不如前了，而且夜里经常做噩梦。幼儿园关老师对杨女士说："燕燕在幼儿园很乖，自理能力也很强，但就是太安静了，她不和老师、小朋友们一起玩，总是一个人坐在角落里望向窗外，似乎望眼欲穿等待妈妈的到来，那种期盼的小眼神看着都让人心疼。"

杨女士问女儿："为什么不和其他小朋友一起玩呢？"

燕燕的回答每次都如出一辙："我只喜欢妈妈，只喜欢和妈妈玩，我不要和别人玩！"

杨女士听了女儿的话，心里别提多难受了，想想燕燕上幼儿园前，每天在家里和自己玩得不亦乐乎，可怎么上了幼儿园，小朋友多了，反而孤僻了呢？

其实，燕燕的孤僻正来自妈妈的过度养护，以至于孩子大多时间只和妈妈两个人在一起，几乎没有机会接触外部世界。生活圈子的闭塞，会让孩子缺乏足够的社会化锻炼，久而久之，孩子就不愿也不会与别人相处了。这样养起来的孩子，往往更喜欢独处，或只愿和妈妈在一起。

当然，导致孩子孤僻的原因还有很多。

有些家庭，父母本身不善交际，自然无法为孩子提供正确的社交指导，受此影响，孩子从小就容易因为缺少小伙伴而越发不合群。

有些孩子，因为父母离异或一方身故生活在单亲家庭中，长期缺少足够的家庭温暖，爱的缺失致使他们性格越发孤僻，对周围的人和事物总是冷漠对之。

有些家庭，父母过于注重事业，长期将孩子托付给老人或保姆，孩子在成长过程中得不到父母爱的滋养，就很容易出现畏缩、孤僻的情绪。

有些父母，过度以孩子为中心，孩子被娇宠成了习惯，一旦到集体中，关注度严重降低，没有了赞美声，孩子的自信心顿时备受打击，就会慢慢变得自闭。另外，被溺爱的孩子往往过度以自我为中心，要求得不到满足就会大发脾气，这样也会受到小朋友的排斥。

还有些父母，信奉严厉教育，在孩子面前总是板着面孔，孩子有点小错非打即骂，导致孩子对父母过分畏惧，长期处于紧张压抑状态。因为害怕犯错受罚，孩子战战兢兢如履薄冰，慢慢就从不敢说话变成了不愿说话。

诚然，孩子的孤僻令妈妈们内心焦虑，但倘若我们能够及时醒悟，改变教养方式，多接近、多关心孩子，给予孩子足够的温暖，孩子的孤僻状况就会有所控制和好转。

（1）我们应该竭力为孩子创设一个良好的家庭氛围。如果父母不和，经常争吵，孩子就得不到应有的关怀和培养，使孩子的心灵受到创伤，就会因此而沉默寡言、闷闷不乐，从而越来越孤僻。假如妈妈经常随意批评、否定孩子，甚至指责、训斥孩子，孩子就会丧失自尊心和自信心，会感到自己很笨和行为不好，这种自我体验几经反复固定下来，就会使孩子形成自卑孤僻的性格，总认为自己什么都不会、什么都不行，谁都不如，因而一个人缩在一旁不敢出声、心情压抑。

（2）我们还要扩大孩子的生活空间。当前，由于家居条件、家庭结构等原因，很多妈妈常把孩子关在家里，久而久之，孩子就会变得孤僻。我们应该让孩子从"自我"的小圈子走出来，让孩子多与小伙伴一起玩耍、游戏、生活。

（3）我们要将孩子带动起来。孤僻的孩子多着迷于一些缺乏社会交往、社会交流的活动，如看电视、玩游戏机等，对周围的事物不闻不问，对社会、周围的人和事采取不参与的态度。妈妈必须中断孩子的这些着迷的爱好，多与孩子进行情感沟通，鼓励孩子陪自己外出采购、参与做饭或帮邻居取奶、取报、送信等，让他与人进行交往及培养他助人为乐的精神。

（4）我们要坚持每天带孩子出去到有同龄小孩玩的地方活动，这是非常有必要的。另外，可以的话，多带孩子到有同龄孩子的家庭串串门，让孩子多多与别的小孩子接触。因为和同年龄的孩子在一起，孩子们相对来说会比较放松，也更容易开口和别人交流。

此外，我们要注意细致地观察、挖掘孩子的长处，创造条件使孩子得到表现的机会，经常以商量的语气、信任的目光、平等的心态与孩子沟通，做孩子的好朋友。这样，孤僻的孩子也会慢慢开朗起来，不会再沉迷于独自玩耍。

心胸狭小爱计较，认知培养很重要

那是文化宫附近的一家小书店，书不是很多，看书的人也少。

睿睿第一次去书店，显得有些兴奋，一进去就大声对妈妈说："妈妈，这里的书跟咱家一样多！"妈妈赶紧制止他大声喧哗，告诉他在书店要保持安静，不能打扰别人读书，否则会成为一个不受欢迎的小孩子。

小家伙赶紧压低了声音，自己跑到书架前去浏览图书。

过了一会儿，睿睿在书架前叫道："妈妈，妈妈。"应该是他想看某本书，但个子小，够不到，一时着急，声音不禁大了一点。

妈妈刚准备去帮他，旁边一个七八岁的男孩走了过去，很凶地对他说："瞎吵什么！这里不是吵闹的地方。"然后拿起一本书向远一点的椅子走去，边走边抱怨打扰他的睿睿。

旁边的家长们看着冷漠气愤的大孩子，以及一脸委屈的小睿睿，心中不禁都是一怔：这个孩子是爱学习的，但他还没有学会如何去体谅人。

他在书店里，能这样对待一个小自己很多的孩子，那么平时在生活中，应该也是缺少体谅和宽容的，也会这样对待身边的家人、伙伴和同学。

是的，我们都知道，越小肚鸡肠的孩子，越不受欢迎。

即使他学习再优秀，他的成绩再突出，他读的学校再好，在人与人的世界里，他还是应该首先学会如何做人，如何愉快地与人相处。

心胸狭窄会使人吝啬小气，斤斤计较，吃不得亏，总是想方设法弥补"损失"；他们不能容忍别人的批评，不能受到一点委屈和无意的伤害，否则便耿耿于怀、伺机报复；他们容不下那些与自己意见有分歧或比自己强的人，因而人际交往面非常窄。

一个心胸狭窄的孩子，就算有很强的能力，也终会因为不懂得与人合作而被社会所淘汰。

那么，为什么小时候那么天真可爱的孩子，会变得越来越心胸狭窄呢？

这主要还是与生活环境影响有关。

佳琪上小学一年级了，佳琪妈妈开着自家的豪华轿车把女儿送到学校。佳琪聪明、漂亮、机灵，妈妈觉得她一定会成为班里的佼佼者。

果然，三天后，佳琪放学回来兴高采烈地向妈妈报告："老师让我当班长了！说我学习好、聪明、能力强。全班同学里只有我获得的表扬最多，其他的孩子都不行！"

佳琪妈妈也很高兴："就是嘛！谁能比得上我们佳琪呢！"

然而，半个学期没过去，麻烦就来了。佳琪回家后，总是拉长了脸，向妈妈数落自己的同学不好。

"晓伟只不过会跑步，大家就都捧他，但其实他是笨蛋。"

"梦琪长得漂亮，有什么了不起的，穿得那么土。"

……

而且她还向妈妈抱怨同学们都嫉妒她，不理她。结果佳琪妈向老师一问才知道，原来佳琪在班上总是表现得小肚鸡肠，如果班上有哪个同学在哪方面超过了她，她就会反应强烈，甚至诽谤人家，因而同学们都自动疏远了她。

不仅如此，佳琪也不能接受老师的批评。有一次，老师说她学习好，工作能力强，就是工作方法上存在一些问题，同学关系有时会出现一点紧张，希望她能稍微改变一下。老师说得很委婉，也很诚恳，但心胸狭窄的佳琪哪里听得进去。为了这件事，佳琪一连几天拉长着脸，也不说话，她觉得老师太讨厌了，怎么可以这样说她呢？

佳琪总因为一些琐碎的小事而生闷气，佳琪妈看在眼里，急在心里，她现在越来越为女儿担心，担心她这样的性格将来交不到朋友，适应不了社会。

但事实上，这都是佳琪爸妈自己种的苦果。

在这个家庭中，佳琪就是一切，爷爷奶奶、爸爸妈妈整天围着她转，佳琪就是"小太阳"，佳琪的要求从不会被拒绝，佳琪不管做什么，都会被毫无底线地夸奖。这直接导致孩子形成了一种错误认识："我是最好的，谁都不如我。"因此，当孩子走出家门，面对更广阔的世界时，她很难接受别人比自己强的现实。

所以说，对孩子的爱要有度，才能更好地培养他宽广的心胸。

那么，妈妈在培养孩子的过程中，该如何善加诱导，规避这种性格风险，让孩子成长为一个开朗大方、豁达宽容的人呢？

（1）用自己的宽容感化孩子。妈妈想让孩子学会宽容，首先自己应有宽容的品质。如果我们本身心胸狭窄，无视他人的意见，习惯于将自己的意志强加于人，不给人改错的机会，为一点小事争执不休，为一点小利而斤斤计较，孩子又怎么能学会宽容呢？我们宽容、大度、遇事不斤斤计较，与邻里、同事融洽相处，孩子就会学着我们的样子处理自己与同学之间的关系，也会变得愈加宽容、和善。

（2）增加孩子的社交活动。孩子心胸狭窄的一个重要原因就是从小和同龄的孩子接触太少，父母处处对孩子无原则迁就，孩子从来不能站在别人的角度考虑问题，完全以自我为中心。因此，妈妈应多提供机会，让孩子经常与小朋友玩耍，在玩耍中学会宽容、体谅他人，提高人际交往能力及社会适应能力，养成良好的性格。

（3）不妨让孩子体验一下心胸狭窄的害处。妈妈要让孩子明白，如果一个人总是心胸狭窄，别人就会讨厌他，不喜欢和他做朋友，而且做错事时也得不到别人的原谅，有困难也得不到别人的帮助，会被彻底孤立起来。妈妈要让孩子自己认识到，心胸狭窄是一件不好的事情，并帮助孩子慢慢地摆脱这种坏习惯，让孩子的心胸开阔起来。

满嘴脏话叫喳喳，孩子跟谁学的呢

文静小时候很可爱的，见到别人总是卖萌讨笑，现在文静已经 7 岁了，也上了小学。

按理说，孩子本来就懂事，再加上校园教育，应该更懂礼貌才对，可谁也没想到，孩子突然就脏话连篇了，像什么"大傻瓜，跪着爬""翻滚吧，龟宝宝""你怎么还不去死啊"一类的话，张嘴就来。

有一次，文静妈带她去朋友家，阿姨拿出一个拼图给她玩，还逗她说："拼图这么好玩，带着小弟弟一起玩好不好？"

没想到文静回了句："我才不和笨蛋一起玩耍呢！能让他滚远点吗？"文静妈瞬间石化，无比尴尬，心说这熊孩子怎么突然就变成这样了呢？

尴尬还没有结束。

几天后，家里来了朋友，文静爸妈陪客人喝茶聊天，文静就在旁边玩玩具。

客人给文静递了一个削好的苹果，文静非但不领情，还一脸嫌弃地说："吃你个大头鬼啊！看你穿得那么脏！"

几个大人本来愉快地交谈着，文静一句话，瞬间冷场了，没多久客人就找个借口尴尬地离开了。

文静妈妈气炸了，没想到这熊孩子越来越不像话，不由分说把她打了一顿。

可文静的嘴越来越像机关枪，有过之而无不及地"出口成脏"。

孩子突然"出口成脏"，你该怎么办？

如果我们暴跳如雷，对孩子大打出手，那我们就先败了一阵。

事实上，暴力制止只会更加刺激孩子，就像禁果效应——越是被禁止的东西，人们越想要尝试。

孩子说脏话，你越是厉声责骂、拳脚相加，越会激起他的好奇心和叛逆心理，他不仅不会听话，反而会把说脏话当成一种乐趣。

因此，当孩子说脏话时，我们不要反应过度，我们需要有严肃的态度，但不要有夸张的行为。

还有一些妈妈，在管教自己孩子的时候，动辄打骂，"出口成脏"，严重污染了家庭语言环境。但她们却以为，自己的这种态度，恰恰能体现自己的地位与权威，于是乐此不疲，各种不雅的词汇成了口头禅。

然而，这些妈妈又特别喜欢对孩子强调"文明、礼貌"。心口不一、不能以身作则，这样的妈妈能够教育好自己的孩子吗？

这天，大鹏妈妈去奶奶家接他回家，刚走到奶奶家楼下，就看见大鹏站在一群小朋友中间，并指着一个小朋友，厉声说道："你怎么这么笨！连这么简单的动作都不会，真不知道你妈妈是怎么把你养大的！"

那孩子听完之后，哇的一声就哭了起来。不过，大鹏并没有停下来，继续吼道："哭什么哭！没种的东西，有本事你和我打一架！"

看到孩子这个样子，大鹏妈妈这个气啊，赶紧走过去批评："小兔崽子，谁教会你说脏话了！你看我不把你屁股打开花！"

谁知道，大鹏毫无惧色，一步上前，更加大声地说："妈妈不讲道理！凭什么你能说，我就不能说？你什么样我就什么样！你滚蛋，我不喜欢妈妈，妈妈是个老巫婆！"

大鹏的话让妈妈愣住了。她没想到，自己在孩子的心里是这个样子；她更没想到，孩子居然对自己有这么大的敌意。

大鹏的这个样子，一定会让妈妈伤心无比，毕竟她是他的母亲，不是他的敌人。可是，孩子为什么会变成这个样子呢？妈妈还是要从自己的身上找问题。

如果父母的行为不改变，那么孩子也会见样学样，以此来对抗父母的教育。

正因为如此，有的妈妈才会发现，孩子在与自己交谈时，总会不时蹦出一两个脏字，同时也表现出了不服、轻蔑之意。孩子在心里会这样对自己说："凭什么我不能说脏话？大人有这个权利，我为什么不能有？爸妈怎么对我，我就怎么对他们！"

我们可以想象一下，听着妈妈对"文明、礼貌"的强调，却又要承受一连串不堪入耳的脏话，孩子心里会怎么想？

——"哼，难道这就是我的妈妈？她可真是个两面派！这双标玩得可以啊！"

无形之中，孩子就会对妈妈的教育产生抵制。在他的眼中，妈妈毫无威信可言，接受妈妈的教育也成了无稽之谈。

那么，孩子说脏话，妈妈到底应该怎么办？

第一，端正自己的态度。不要孩子一说脏话就上升到道德高度去指责孩子。

在孩子还不会说话的时候，他们的激烈情绪会通过激烈行为来表达，诸如大哭、抓人、咬人等；而当他们学会说话以后，他们有时会通过说脏话来表达自己的不满、愤怒，或者是亢奋，但本质上，他们只是想得到更多的关注和尊重。

因此，当你的孩子突然说脏话时，你是不是应该反思一下，自己到底有没有忽略孩子，才会使孩子以这种方式来表达抗议。

另外，孩子说脏话，从某种意义上说，也是对语言的一种学习，他们或许知道这是脏话，但往往不懂脏话为什么是禁忌

语，这需要妈妈慢慢教导，让他们逐渐了解，为什么脏话触犯
了社会忌讳。

第二，改掉自己的坏习惯。有些妈妈的坏习惯并非短期养
成，在孩子出生之前早已有之。也许这种习惯很难改正，但为
了孩子的健康成长，就要下决心改掉自己身上的那些臭毛病，
以防"遗传"给自己的下一代。

如果妈妈感觉强行戒除的确有困难，那么不妨求助于相关
专家。例如，你有骂人的习惯，那么可以报名参加礼仪培训
班，在文明的环境中扭转自己的行为；如果有晚上睡不着、彻
夜玩牌的习惯，那么可以寻求医生的建议，在药物治疗与心理
治疗的帮助下，改变自己的生活习惯。

第三，告诉孩子说脏话为什么不对。当孩子说脏话时，妈
妈应当严肃地告诉孩子："大多数人都不喜欢听到那些脏话，
我也不希望你说那样的话。"

如果孩子受自己的影响，已经养成了说脏话的毛病，那
么，妈妈就应当告诉他："这句话是骂人的话，不好听，宝宝
不学。"把不文明的行为消灭在萌芽状态中。

此外，父母可以多带着孩子参加群体活动，让他明白说脏
话是不对的。

第四，郑重地向孩子道歉。大人的脏话，有时候属于口误
或不由自主，如在教育孩子时，突然有些急躁才脱口而出。这
个时候，妈妈不要转移话题，更不要想方设法地掩盖，而是应
当诚恳地说声："对不起。"

然后，跟孩子去解释自己刚才的行为，并对自己的做法感

到懊悔。这样，孩子既能明白说脏话不好的道理，又能感受到父母的真诚，对父母的好感自然能大大提升，也愿意听从父母的批评。

张牙舞爪特霸道，多半是妈妈不会教

天宇今年 9 岁，被小朋友们公认为"最讨人嫌"，怎么会这样呢？

学校里，瑶瑶扎着两个漂亮的小辫子，正乖巧地玩橡皮泥，天宇走了过去，一把抢过橡皮泥，瑶瑶不放手，他就一把揪住瑶瑶的小辫子，瑶瑶痛得大哭起来。

天宇平时最不喜欢吃胡萝卜，那天去广场玩，妈妈给他买了几个可爱的兔子包子，凑巧兔子的小鼻子是用胡萝卜做的，天宇咬了一口，立马吐了出来。旁边的嘟嘟看到了，对天宇说："把你不吃的胡萝卜给我吃好吗？"天宇看了嘟嘟一眼，立马从其他包子上揪下兔子鼻子，直接放到自己的口袋里，回了嘟嘟一句："我待会儿吃。"

小朋友都不喜欢和天宇一起玩，因为他不是推推这个，就是撞撞那个，总之没有不欺负人的时候。做游戏的时候他又爱耍赖，一定要自己占便宜，导致小朋友们渐渐地都躲着他了。

孩子的霸道行为表面上看是不"吃亏"，但这种行为对孩子的成长毫无益处。如果孩子霸道，那么他在和他人的交往中一定会出现麻烦。霸道的孩子，想和别人友好快乐地相处下去非常困难。

很多家长也纳闷：我们并没有教孩子这样做呀，孩子是怎么变得这么霸道的呢？这当然是有原因的。

天宇因为欺负了瑶瑶，被叫了家长。

妈妈问天宇："你为什么要打瑶瑶？"天宇歪着头，不作声。

妈妈又问："你想要橡皮泥，瑶瑶不愿意给你，所以你生气了，是吗？"

天宇理直气壮："是的，我非常生气。"

妈妈："就因为这个，你就打瑶瑶？"

天宇："她不给我，我就打她！"

妈妈："你打了瑶瑶，她就把橡皮泥给你了吗？"

天宇："没有，所以我还要打她。"说着，他做状又要打瑶瑶。

妈妈赶忙拉住他："打人并不能解决问题！如果你想要橡皮泥，瑶瑶不想分享给你，你可以跟老师说啊。"

显然，天宇妈妈并没有为孩子树立界限感。虽然她也知道，谁的物品谁最有自主权和支配权，但在教育天宇时，她并没有明白无误地告诉孩子：橡皮泥是瑶瑶的，瑶瑶对自己的橡皮泥有绝对的支配权。

天宇妈强调的是，"打人不能解决问题""如果你想要，瑶瑶不愿给，你可以去和老师说"。这样的说辞会让孩子误以为：我可以要别人的东西，如果他不给，我就去找老师帮忙，迫使他给我，只要我不打人，我就可以想办法将别人的东西占为己有。

天宇妈应该让孩子认识到的是：他已经侵犯了别人的自主权，橡皮泥是瑶瑶的，瑶瑶有绝对的权利决定给不给他玩，他不能强要别人的东西，更不能使用武力抢夺。

瑶瑶要求天宇给她道歉，天宇坚决不肯，天宇妈试图说服他，但没有作用。

瑶瑶是个善良宽厚的女孩，看天宇拒不道歉，也不在意了。瑶瑶妈问她："你原谅天宇了吗？"

"妈妈，我原谅他了。"瑶瑶回答，还说："天宇，你也别生气了，我们一起唱歌吧！"

天宇脖子一梗，"我才不！"

"那我给你唱，唱《鲁冰花》好不好？"说着，瑶瑶就唱了起来。

这首歌天宇也会唱，听瑶瑶唱得好听，他又不开心了，"你不许唱了，我要自己唱！"

天宇妈："那你问问瑶瑶，看瑶瑶愿不愿意。"

瑶瑶听见天宇母子的对话，很懂事地说："天宇，要不我们一起唱吧，你大声唱，我小声点，好不好？"

天宇："不行，我不许你唱。"

天宇妈："天宇，瑶瑶唱歌，你可以不听，但瑶瑶有唱歌的权利，你也可以唱啊。"

天宇不准瑶瑶唱歌，理由是他要唱。天宇妈对孩子的引导是，"那你问问瑶瑶，看瑶瑶愿不愿意"。这样会让孩子误以为：我要做什么是最重要的，别人不重要，别人必须顺从我的需求。

天宇妈当然也知道，"瑶瑶有唱歌的权利"，但又让天宇去问瑶瑶，可不可以顺从他。当孩子侵犯别人权限的时候，妈妈模糊不清的态度会让孩子是非观混淆，他会自然而然地选择吸收对自己有利的一面。

妈妈明确地给孩子树立界限，孩子才知道尊重别人的权限。

当孩子强行要将别人的东西占为己有时，妈妈必须立即、坚决制止，明白无误地告诉他：那是别人的东西，他有权利决定与不与你分享，你必须尊重别人的正当权益。

当孩子霸道地不准别人做某件事时，妈妈必须立即、坚决制止，明白无误地告诉他：做什么事情，是别人的权利，他没有侵犯到你，你就没有权利不准他做。如果你不喜欢，你可以去其他地方玩。

孩子只有学会尊重他人的需要、感受和权益，才会日渐成为受欢迎的人。你是不是也和那种不懂得尊重他人的人相处过？他是不是令你很反感唯恐避之不及？一个孩子如果霸道成性，凡事以自我为中心，不知道尊重别人，那么他就会和你讨厌的那个人一样，走到哪里都惹人生厌，他自己也会感到非常痛苦。

当然，尊重他人的品行也不是与生俱来的，孩子需要一点一滴地去学习，我们一定要让孩子明白，友谊是一生的财富，而霸道是友谊道路上的绊脚石，只有懂得为他人着想的人才能拥有更多的朋友。这是每位母亲都必须要做好的功课。

性格暴躁很暴力，根源问题在哪里

　　有这样一个男孩：他很聪明，成绩优异、家境优越，父母对他宠爱有加，可他却在13岁那年，用刀捅伤了同学，进了少管所。后来，他对发生在自己身上的悲剧做了反思：

　　"从小到大，爸爸妈妈给我的教育就是，只要学习好，犯了什么错都不是错，父母都不会责怪我。因此，我变得很任性。可能是任性造成了我的一种霸气，我的个头在班上最高，成绩也好，同学们都很服我。

　　"爸爸妈妈除了告诉我要学习好，然后就是在外面不要吃亏，不要被别人欺负。如果我吃了亏，被别人欺负了，他们肯定会认为我窝囊，没有用。记得小时候，有一次我带了玩具飞机去幼儿园，小朋友们抢着玩，有一个小朋友玩着玩着居然不给我了。我急了，夺过飞机就朝他脑袋上刺去，把他的头刺出了血。家里赔了人家钱，我很害怕，以为回家要被处罚。哪知道，爸爸妈妈并没有责备我。我读小学四年级时打了同学，同学父母找到我家里来，我爸爸向人家赔了不是。送走了人家后，他对我说：'看这小子，懂得教训别人了。'妈妈告诉了我道理，她说，只要不被别人欺负，怎么做都行。

　　"当我去中学读书时，她对我说：'现在的孩子都很霸气，你要是不让别人怕你，你就会被别人欺负。'现在回过头来想想，我觉得父母对我的这些教育是不正确的，我在学校的打人习惯正是父母错误教育引导的结果。"

这个悲剧也引起了很多父母的反思，于是他们纷纷严厉管教孩子，纠正孩子爱打人的习惯。但是，父母虽然有这个良好心愿，但往往不知道怎样教育孩子，因而经常产生反效果。

给大家设置一个场景，思考一下：

元元是个 7 岁的孩子，刚刚上小学一年级，不过半年来，他已经给父母惹了一大堆麻烦，为什么呢？就因为他爱打人。上学才三天，就把一个小女孩的膝盖踢破了，后来又把同学的头打破了，再后来还划伤了同学的胳膊……为了这些事，爸爸妈妈骂过他，打过他屁股，可他还是一犯再犯。

有一天，母子俩正在看电视，电话响了，妈妈接完电话，怒气冲冲地拉过元元，照着屁股就是狠狠两巴掌。元元委屈地大哭大叫，妈妈更生气了："说过一百遍了，不许打人，你还敢再犯，今天打死你算了！"妈妈又打了下去，这一次，元元竟然挣扎着用小拳头打妈妈，这可把妈妈气坏了："真是太过分了，竟然打妈妈！"结果，那天妈妈狠狠地打了元元一顿后，把孩子丢回房间去"反省"了。

元元一个人在地上哭得稀里哗啦，不明白为什么爸爸妈妈可以打他，他就不能打人，最后，他得出了一个结论，那就是不能再打同学，只能打比自己小的孩子。

显然，这也是很可悲的，妈妈的"教育"只换来了一个消极结果，这都是因为教育方式不当造成的。事实上，如果父母能够用正确的方式教育孩子，那么孩子的暴力倾向是完全可以避免的。

小孩子打架，是成长过程中的正常现象。妈妈要引导、要教育，让孩子分清勇敢无畏与蛮横粗暴的区别，而不要纵容孩子报复，更不要袒护，也不能不由分说地就收拾孩子。

比如，在上面的场景中，妈妈就不应该抓过元元就打，而应该先让孩子知道自己犯了怎样的错误，要指出打人是一种野蛮行为，是为人所不齿的，没有人会和打人的孩子玩，再这样下去，他就会失去所有的朋友。

须知，要让孩子讲理，父母首先要明理。

如今社会进入了竞争时代，很多妈妈也"与时俱进"，不再讲究"温良恭俭让"了。孩子在外面和小朋友打架，回家后不免向妈妈诉说一番，有的妈妈就问："他打你没有？"

"打了。"

"他打了你，你怎么不去打他？"

妈妈把敢不敢与人打架看作孩子有没有竞争意识，而且不断地向孩子灌输这样的观点："太老实了容易受人欺负，就得以血还血，以牙还牙，反正不能吃亏！"

这种教育方法是很危险的，妈妈们应该知道，这样的所谓算账和报复，只会使孩子之间的打斗更进一步升级，而且可能使无意的伤害转变为有意的报复。有些孩子还会错误地认为父母总是偏向自己，即使自己不对，先打了人也无所谓，最后就变本加厉，肆无忌惮起来。在这种教育观念下，孩子很容易变成一个"占便宜没够、吃亏难受"的人，这样的人无疑不会被社会所接受。

另外，需要重点提醒的是，家长是孩子模仿的对象，如果家长经常用暴力解决家庭教育中出现的问题，孩子就容易在排遣自己的不良情绪时采取暴力。因此，对于有轻微暴力倾向的孩子，妈妈们更不可"以暴制暴"。不要在烦躁的时候处理孩子的问题，待自己冷静下来，理智的时候，再和孩子沟通，向孩子示范如何控制自己的情绪。告诉孩子，如果对小伙伴感到生气了，要清楚地告诉对方，他做了什么使你生气，而不是用暴力解决。要学会用时间来淡化冲突，或者在怒气上升的时候做些其他事情来转移自己的情绪。

如果孩子真的挨了打，受了伤，妈妈最好能保持冷静，倾听孩子的申诉，教导孩子以后尽量避免"用武力解决问题"。同时，也可直接找欺负自己孩子的孩子问清事情真相，教导孩子们应该和睦相处，必要时还可以找对方父母，共同进行教育。

小孩儿之间的矛盾，交给他们自己解决吧

离学校不远处，一个年轻女人在使劲打一小女孩的脸。大家都以为，这是妈妈在教训女儿，虽然很不认同这种教育方法，但因为不知缘由，也没人上前劝阻。结果没一会儿，小女孩的妈妈来了，可想而知，两个家长直接从对骂升级到开打。

这时，大家才知道，原来，今天放学，打人女来学校接孩子放学，结果女儿跟她告状说，她被同学骂了。打人女当时就火了，拉着女儿找到对方，厉声质问："你为什么骂我女儿？"

小女孩一见对方家长来势汹汹，当时吓坏了，一声不吭。打人女见小女孩不回答，上去就是一巴掌："我抽你，谁家孩子都敢骂，我家是正黄旗！"

等到小女孩妈妈赶来时，孩子的脸已经被对方抽肿了。

且不说小女孩到底有没有恶意骂人，骂得难听不难听，家长这种不由分说自己动手打别人家孩子的行为，实在是太可恶了。

小孩子发生矛盾，本是寻常的事情，只要不是霸凌，哪有家长主动参与，并促使矛盾升级的道理？你打别人家孩子，难道就不怕别人也打你家孩子吗？

还有一些妈妈，一味护短，事实上是自己的孩子打了小朋友，或者损坏了人家的东西，他们不但不教育自己的孩子，反而认为对方不该小题大做，认为孩子在外面打架或是做错事，"他还只是个孩子"，甚至强词夺理："我的孩子也挨了打。"或者狡辩："那东西根本不是我家孩子打坏的，我家孩子绝不会做这样的事！"

护短的结果是使孩子毫无责任意识，于是胆子越来越大，越学越坏，后果当然不堪设想。

近 10 余年来，中国台湾地区青少年犯罪率急剧上升。在一所学校里，研究者发现这些不良少年多是在家庭中受父母溺爱、放纵的孩子，他们在外惹祸时，父母总是百般维护，不分是非，甚至责怪对方。

家长的袒护，会让孩子错误地认为自己的地位是特殊的，别人都比不上自己，都要让着自己。那么，我们在遇到这种事情时，该怎么处理呢？

我们一起来看看旭鹏妈妈的育儿经验。

那天旭鹏妈妈正在厨房做饭，突然听到楼下传来旭鹏的哭声，她赶忙跑下楼去，只见旭鹏正坐在地上哭呢，而常和旭鹏玩的小朋友明明涨红了脸站在一边，眼泪也快要出来了。

旭鹏看见妈妈来了，马上扑了过来，"妈妈，明明打我！"

"是吗？明明，你们为什么不高兴啊？"妈妈轻声问道。

没等明明开口，旭鹏立刻抢着说："他看我小，就欺负我！妈妈你帮我骂他！"

见孩子这样，旭鹏妈妈有些不高兴了，把旭鹏拉到一旁："不许没礼貌！让明明说。"

后来旭鹏妈妈弄清楚了，原来明明用积木盖城堡，旭鹏也要抢着玩，明明不让，旭鹏一来气就把人家盖到一半的城堡给踢倒了，两个人因此打了起来。

旭鹏妈妈严肃地把旭鹏叫过来："旭鹏，为什么玩什么一定要听你的呢？明明的城堡已经盖一半了，如果你想玩，可以帮他一起盖呀！以后不许你再这样霸道，如果明明也把你盖好的积木推倒，你生不生气呢？"

旭鹏红着脸，一声不吭了。这时明明走过来，很懂事地说："阿姨，对不起，我也不该动手打旭鹏。旭鹏，别生气了，我们一起玩积木吧！"旭鹏看了看妈妈，两个孩子便开始一起搭城堡了。

旭鹏妈妈把这个小纠纷处理得非常好，她没有不分青红皂白地偏袒自己的孩子，而是一视同仁地处理问题，这样就不会助长孩子以自我为中心的心理。不仅如此，她还借机教育了孩子："为什么玩什么一定要听你的呢？"这样就会引起孩子的反思，渐渐地孩子就会认识到：小朋友之间都是平等的，不能总是自己说了算。这是一个很成功的教育案例。

还有一种情况，孩子在外面玩，有时会被一些大孩子或特别霸道的孩子欺侮，夺走了玩具，甚至被打，这时有的妈妈心疼孩子，便大动肝火要去找对方算账，或者骂自己的孩子："你就不会打他呀！下次他再欺侮你，你就还手！"

仔细想一想，这都不是解决问题的办法。这样算账和报复，只会使孩子间的打斗越来越厉害，而且可能使无意的伤害转变成有意的伤害。

当出现这种不愉快的事情时，妈妈最好能保持冷静，倾听孩子的诉说，教导孩子以后尽量避免与那些顽童玩耍。同时，也可直接找欺侮了自己孩子的孩子问明事情真相，勉励孩子们和睦相处，不要打斗，以免事态扩大，结成冤家。

当然，必要时还可以找对方父母，共同进行教育。但应注意一点，那就是找对方父母，不是为了算账，所以要冷静友善，应以共同合作教育双方孩子为目的。

孩子自私不合群，着重培养合作精神

西西是一个聪明漂亮的小女孩，可是却自私得要命，从来不肯与任何人分享她的东西。有一次，同桌在课间休息时拿她的 MP3 听了一会儿，她竟然怒不可遏地将同桌的课本扔了一地。

西西为什么会这样呢？其实，西西的自私行为完全可以从她妈妈的行为中找到根源。

西西的妈妈来自上海一个知识分子家庭，父母因为工作繁忙，很少去照顾她，尤其是西西姥姥，为了自己的发展，几乎月月都要出差，西西妈妈一年也见不到自己的母亲几次。这一家人，可以说都是在各人顾各人。

因为从小就养成了只顾自己的行为习惯，西西妈妈结婚以后也没能改变。她和丈夫有着界限分明的空间，她的书房别人不可以随便进，她的东西别人不可以随便碰，因为那些都是她的，只属于她；她经常在钱上跟丈夫斤斤计较，尽管他们的收入挺高，但西西妈妈经常因为丈夫给婆婆一点儿生活费而发脾气。事实上，即便是跟自己的亲生父母，西西妈妈也是如此计较。但是，西西妈妈在给自己买东西时却毫不吝啬，昂贵的化妆品、名牌时装，说买就买。西西爸爸开始很不习惯妻子的做法，两人为此吵过很多次，最后，西西爸爸发现妻子的自私已然根深蒂固，也只好对她做出了妥协。

西西妈妈还把这种思想传递给了女儿。有几次，西西把自己的课外读物借给了小伙伴，结果西西妈妈每次知道以后都要训斥一番。西西妈妈认为，西西的同学都有爸爸妈妈，他们想看课外读物，应该让自己的父母买，而不应该借西西的，这是在占西西的便宜。在被妈妈骂了几次以后，西西也变得特别小气，她的东西谁也不借。

后来，西西越来越像妈妈了，她的房间别人不能轻易进，就算爸爸妈妈也要得到她的允许，而且她的东西一律不许别人碰，谁动了她就跟谁急，包括爸妈。

在学校，西西很不受同学的欢迎，同学们都认为她既自私又小气，不愿和任何人分享。对于这种评价，西西既伤心又困惑：伤心的是，她得不到别人轻易就能得到的友谊；困惑的是，妈妈就是这样做的，她不知道这样做错在了哪里。

其实，没有哪一个孩子的天性是不好的。正如著名教育学家王东华先生所说："没有教不好的孩子，只有不会教的家长。"每一个孩子的身上，都有父母打下的烙印。很多时候，我们与其说是在教育孩子，不如说是在污染孩子纯真的心灵。当这种污染达到一定程度时，我们又反过来说孩子自私，说他们以自我为中心。面对不断成长的孩子，我们有必要扪心自问，孩子的自私有多少是我们亲自灌输给他的？其实，教子做人，首先是要赋予他一颗仁爱之心。

1983 年春天，玛格丽特·派崔克抵达"东南老人中心"，开始了她的物理治疗的独立生活。当该中心员工米莉·麦格修将玛格丽特介绍给中心人员时，她注意到玛格丽特盯着钢琴看的那一霎间流露出痛苦的表情。

"怎么了？"米莉问。

"没什么，"玛格丽特柔声说，"只是看到了钢琴，勾起我许多回忆。"米莉瞥向玛格丽特残疾的右手，默默聆听眼前这名妇女谈起她音乐生涯的辉煌过去。

"你在这里等一下，我马上回来。"米莉突然插口说。一会儿，她回来了，身后紧跟着一位娇小、白发、戴着厚重眼镜，并且使用助步器的女人。

"这位是玛格丽特·派崔克。"米莉帮她们互相介绍，"这位是露丝·艾因柏格。"她笑道，"她也弹钢琴，但她跟你一样，自从中风后，她就没办法弹了。艾因柏格太太有健全的右手，而你有健全的左手，我有种感觉，只要你们互相合作，一定可以弹出好作品。"

"你知道肖邦降 D 调的华尔兹吗？"露丝问，玛格丽特点点头。于是，两人并肩坐在钢琴长椅上。两只健全的手，一只是黑色，有纤长优雅的手指，另一只是白色，有短胖的手指，它们很有节奏感地在黑白键上滑动。从那天起，她们就一起坐在键盘前——玛格丽特残疾的右手搂住露丝背部，露丝无用的左手搁在玛格丽特膝上。露丝健全的手弹主旋律，玛格丽特灵活的左手弹伴奏旋律。

她们的音乐曾在电视上、教堂里、学校中、康复中心、老人之家给许多听众带来快乐。坐在钢琴长椅前，她们共享的东西不只是音乐。除肖邦、巴哈和贝多芬的音乐外，她们发现彼此的共通点比想象的要多得多——两人都失去了儿子，两人都有颗奉献的心，但若失去了对方，她们什么也办不到。两人同坐在钢琴长椅前，露丝听见玛格丽特说："我被剥夺了音乐，但上帝给了我露丝。"显然地，这些年来她们并肩而坐，玛格丽特的某些信仰已经影响了露丝，露丝说："是上帝的奇迹将我们结合在一起。"

每次读到这则故事就会让人想起那句话："我们都是独臂天使，只有互相拥抱才会飞翔。"只有相互帮助，才能战胜困难。

实际上，助人就是助己，生存就是共存。

人们在一起，可以做出单独一个人所不能做出的事业。智慧＋双手＋力量结合在一起，几乎是万能的。而单个的人是软弱无力的，就像漂流的鲁滨逊一样，只有同别人在一起，孩子才能完成许多事业。

有人曾经问日本的一位小学校长："您办学最注重的是什么？"校长回答说："教育孩子理解别人，与其他人合作。在现代社会，如果不能与人相互理解和合作，知识再多也没用。"

道理很简单，人与人之间明显冷淡的相互关系，必然导致人产生消极的劳动态度，给共同的事业带来不可估量的损失。因此，与人合作的能力已经成为当今世界人才的重要素质之一。而一个人在童年时期没有养成与人合作的道德习惯和道德情感，待到他长大成人以后，便很难弥补了。因此，培养孩子与人合作的能力至关重要。

培养孩子的合作精神，最要紧的是父母的引导。

首先，我们要让孩子学会严于律己，与朋友建立友好、平等的关系。在人格上，人与人永远是平等的。我们应该教育孩子遇事要无私，要言而有信。只有这样，孩子与朋友之间才能互相信赖、和睦相处。

其次，我们应该让孩子在集体中成长。因为只有在集体中，孩子才能切身体会到与人和睦相处、共同合作的好处。这可以让他意识到他人的存在，学习到与他人相处的经验，也培养他的合作意识。同时，我们要引导孩子体会到，自己的需要只是家庭中、集体中的一部分，更多的应该想到整个家庭、整个集体的需要。

此外，我们要在生活中尽量给孩子创造多一些的锻炼机会。孩子在生活中学到的知识、培养的精神，都会渗透到他的性格中去，长大后会带入社会。一个懂得合作精神的人会很快适应工作岗位的集体操作，并发挥积极作用；而不懂合作的人在生活中会遇到许多麻烦，产生更多的困难，而无所适从。

当然，最重要的是，我们一定要起到表率作用。父母本身具备的品德，一般在孩子身上都可能找到。因此，我们首先要为孩子创造出一个良好的家庭环境。一个整天吵闹不休的家庭，很难造就出一个具有和蔼品质的儿童。我们对他人的热情、平等、谦虚等处世原则和行为，是孩子最好的直观而生动的教材，会在潜移默化中培养出孩子尊重别人、爱护别人、能与别人和谐相处、默契合作的良好品性。